美国小学主流科学教材

【美】杰伊·哈克特 等 著
张 俊 邓小耶 等 译
郝京华 审定

生态系统 5
Ecosystems

浙江教育出版社·杭州

本版特色

- 兼顾授受式学习内容和探究式调查活动。
- 采用5E（Engage参与，Explore探究，Explain解释，Extend/Elaborate拓展，Evaluate评估）研究型教学模式。
- 增加工程和设计版块。
- 培养21世纪技能，如创新创造能力、协作能力、沟通能力、批判性思维与解决问题的能力等。
- 用个性化的生动图像激发学生的学习兴趣。
- 根据知识深度等级体系（Depth of Knowledge，简称DOK）设计评价和测试。

注：原版书中，A单元、B单元表示该内容属于生命科学领域，C单元、D单元表示该内容属于地球与空间科学领域，E单元、F单元表示该内容属于物质科学领域。中文版对此予以保留。

Program Authors

Dr. Jay K. Hackett
Professor Emeritus of Earth Sciences
University of Northern Colorado
Greeley, CO

Dr. Richard H. Moyer
Professor of Science Education and Natural Sciences
University of Michigan-Dearborn
Dearborn, MI

Dr. JoAnne Vasquez
Elementary Science Education Consultant
NSTA Past President
Member, National Science Board and NASA Education Board

Mulugheta Teferi, M.A.
Principal, Gateway Middle School
Center of Math, Science, and Technology
St. Louis Public Schools
St. Louis, MO

Dinah Zike, M.Ed.
Dinah Might Adventures LP
San Antonio, TX

Kathryn LeRoy, M.S.
Chief Officer
Curriculum Services
Duval County Schools, FL

Dr. Dorothy J. T. Terman
Science Curriculum Development Consultant
Former K-12 Science and Mathematics Coordinator
Irvine Unified School District, CA
Irvine, CA

Dr. Gerald F. Wheeler
Executive Director
National Science Teachers Association

Bank Street College of Education
New York, NY

Contributing Authors

Dr. Sally Ride
Sally Ride Science
San Diego, CA

Lucille Villegas Barrera, M.Ed.
Elementary Science Supervisor
Houston Independent School District
Houston, TX

American Museum of Natural History
New York, NY

Contributing Writer

Ellen C. Grace, M.S.
Consultant
Albuquerque, NM

RFB&D learning through listening

Students with print disabilities may be eligible to obtain an accessible, audio version of the pupil edition of this textbook.
Please call Recording for the Blind & Dyslexic at 1-800-221-4792 for complete information.

connectED.mcgraw-hill.com

STEM McGraw-Hill is committed to providing instructional materials in Science, Technology, Engineering, and Mathematics (STEM) that give all students a solid foundation, one that prepares them for college and careers in the 21st century.

Send all inquiries to:
McGraw-Hill Education
8787 Orion Place
Columbus, OH 43240

ISBN: 978-0-02-135622-5
MHID: 0-02-135622-X

Printed in the United States of America.

6 7 8 9 10 RMN 18 17

Content Consultants

Editorial Advisory Board

AMERICAN MUSEUM OF NATURAL HISTORY

The American Museum of Natural History in New York City is one of the world's preeminent scientific, educational, and cultural institutions, with a global mission to explore and interpret human cultures and the natural world through scientific research, education, and exhibitions. Each year the Museum welcomes around 4 million visitors, including 500,000 schoolchildren in organized field trips. It provides professional development activities for thousands of teachers; hundreds of public programs that serve audiences ranging from preschoolers to seniors; and an array of learning and teaching resources for use in homes, schools, and community-based settings. Visit www.amnh.org for online resources.

译 序

一部好教材欲保持其生命力的重要举措就是要不断地与时俱进，要随着社会的变迁、学术的进步不断地吐故纳新。浙江教育出版社引进出版的《科学启蒙(第二版)》就是这样的一部好教材。

比较这套教材的两个版本，不难发现，第一版显然依据的是1996年美国颁布的科学教育标准。1996年的科学教育标准有三个重要特点：(1)明确科学教育的目标是培养所有学生的科学素养（美国曾经有过把培养科学家作为科学教育培养目标的历史）；(2)强调要把科学本身的实际做法，即科学探究也作为科学教育的内容；(3)将科学课程的内容按“生命科学、物质科学、地球与空间科学”三个领域加以划分。第一版的《科学启蒙》较好地落实了课程标准的这些理念。

第二版依据的是美国2013年颁布的《新一代科学教育标准（NGSS）》。和1996年课程标准相比，2013年的标准有三个显著变化。(1)将科学探究扩充为“科学与工程实践”，明显强化了运用科学概念解决实际问题能力的培养。(2)强调科学大概念。标准提出了判断大概念的4个原则：①具有学科的意义，具有跨越多个学科领域的广泛的重要性，或者是本学科中组织相关知识的关键概念；②具有解释力，能解释许多现象；③具有生成性，能为理解和探究更多的概念和解决问题提供关键的工具，与社会、家庭相关；④能从幼儿园到高中螺旋上升。(3)强调了学科间的融合，不仅是科学、技术、工程、数学的融合，还有科学、语文、数学的融合。

第二版的《科学启蒙》教材真的是在与时俱进。首先，它在继续强调科学探究的同时，大大强化了工程设计部分，不仅在各领域各章节中增加了运用相关知识解决实际问题的机会，还在“做一名科学家”版块增添了有关工程设计的“聚焦技能”。第二，在强调科学大概念方面，教材不仅在各章节都有科学大概念的明确标示，还在各章结尾之处增加了科学概念和技能的测评。第三，在学科融合方面，教材不仅强化了科学阅读（包括文和图）和科学写作的指导，还强化了数学意识和能力的培养。

《科学启蒙》这套教材还有一个突出的亮点就是它精彩的图片。大量有视觉冲击力的照片和灵动的排版为教材增色不少，让人爱不释手。

它山之石，可以攻玉。中国正在进行着课程改革，也正在努力地缩短与发达国家在教育上的差距，引进国外好的教材不失为一种有效的捷径。不同的群体都可以从《科学启蒙》这套教材中获益。它为教材编写者提供了一个如何将内容与活动结合的范例，它给予科学教师教学活动设计的启迪，它为语文老师提供了如何指导学生科学阅读和科学写作的策略，就连出版社也可以从中获得科学教材排版方面的启示。除此，作为一套学生科学阅读的材料，它也是一个不错的选择。

只有站在巨人的肩膀上我们才可以实现弯道超车，才可以追赶上发达国家，才可以实现伟大的中国梦！国家如此，科学教育亦然，让我们共同努力！

小学科学课程标准研制组组长、修订组副组长 郝京华
南京师范大学教科院教授

目 录

Contents

做一名科学家

B单元　生态系统

第2章 生态系统和生物群系

探究活动

扫一扫，码上获取
更多学习资源

做一名科学家

只有雌蚊子才会吸血。

科学方法

看一看，想一想

蚊子会传播许多疾病。在天气炎热的季节，它们会把卵产在如图所示的这种池塘里。想一想，像蚊子这类令人讨厌的昆虫对人们的生活有什么影响？疾病还有哪些传播途径？

探究活动

你对疾病了解多少？

人类为什么会生病？其他动物也会生病吗？人类和其他动物可能都会得哪些疾病？科学家是怎样研究疾病的？

生物学家对自然界里的生物都很好奇。莉莉安娜·达沃洛斯和苏珊·帕金斯都是生物学家，她们在纽约市的美国自然历史博物馆工作。在实验室里，她们通过显微镜观察和分析生物细胞来研究生物体。

莉莉安娜·达沃洛斯

苏珊·帕金斯

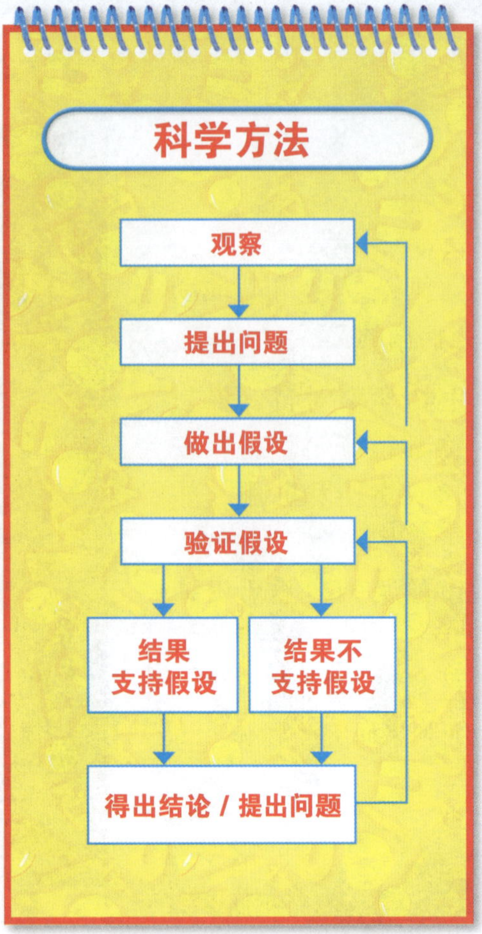

科学家是怎样工作的?

疟疾是一种可能致命的疾病，世界上每年因疟疾死亡的人数超过 100 万。疟疾是由疟原虫感染红细胞引起的一种疾病。疟原虫是一类需要寄生在宿主体内或身上才能生存的生物。

科学家研究疟疾已经很多年了，人类并不是唯一会感染疟疾的生物，鸟类、蜥蜴和一些哺乳动物也会感染疟疾。目前，科学家正在研究不同动物体内的疟疾。苏珊 · 帕金斯解释道："我们对引起疟疾的生物了解得越多，我们治疗疟疾的手段就会越多、越有效。"

她和莉莉安娜 · 达沃洛斯运用科学方法来了解更多有关疟原虫的知识。科学方法是指科学家研究和解决问题的过程。运用这种方法，科学家就能解释自然界中事物的发展规律。

篱蜥会染上由沙蝇传播的疟疾。

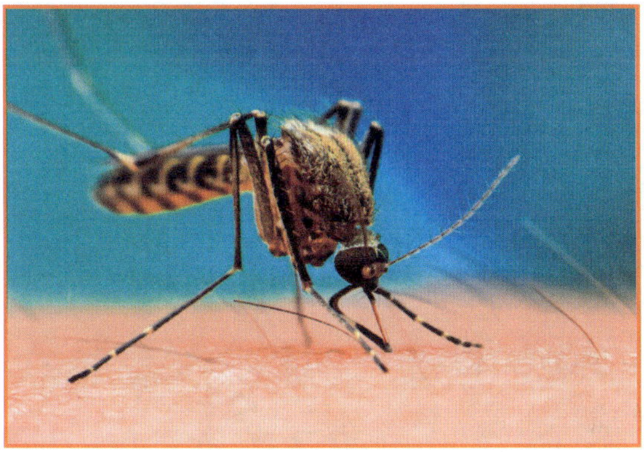

雌蚊子在产卵前需要通过吸血来“饱餐”一顿。

做出假设

1. 提出多个问题。
2. 寻找重要变量之间的联系。
3. 对这些联系提出可能的解释。

▶ **确保这些解释能够被检验。**

当然，科学家并不总是一成不变地按照图示科学方法的步骤做研究，但他们必须确保自己和其他科学家能够重复之前的探究过程。因为只有这样，其他科学家才能检验他们的研究结果是否正确。

苏珊和其他科学家都知道：有些蚊子体内含有会引发疟疾的疟原虫，人类一旦被这些蚊子叮咬，就会感染疟疾。他们还注意到，蜥蜴被携带疟原虫的沙蝇叮咬后也会感染疟疾。

苏珊提出一个问题：“在不同生物体间传播的疟疾，作用在不同宿主体内的机制是否相同呢？”她做了一个预测：蜥蜴和沙蝇体内的疟原虫的细胞结构与科学家之前在蚊子和人体内观察到的疟原虫的细胞结构相似。当然，这只是苏珊的假设。

苏珊的假设包含多种变量。自变量是指研究者主动操控而发生变化的因素或条件，因变量是指会随着自变量的变化而变化的因素或条件，常量是指未被测试且保持不变的因素或条件。在苏珊的研究中，自变量是物种的类型，因变量是疟原虫细胞中的基因。

科学家怎样验证他们的假设?

科学家在研究疟原虫的某些基因时，发现了一个有趣的现象：这些基因具有控制核糖体产生的指令。核糖体是细胞内制造蛋白质的“工厂”。

大多数多细胞生物的细胞内只有一种核糖体，但是有些疟原虫有两种核糖体。当疟原虫寄生在蚊子体内时，可以观察到一种核糖体；一旦疟原虫进入人体，就会观察到另一种核糖体。

这就使得疟疾在蚊子和人体之间的传播非同寻常！“这是一个有趣的现象，”苏珊观察后提出问题，“我们在其他动物身上也能发现类似的现象吗？”

苏珊假设蜥蜴和沙蝇体内的疟原虫与人类和蚊子体内的疟原虫具有相似模式的核糖体。但是，她需要拿出证据来证明她的假设。证据可以是科学家通过不同途径收集到的数据。

疟原虫的传播途径

阶段1 一只感染疟疾的蚊子叮咬了一个健康的人。

阶段2 疟原虫进入人体肝脏，继而繁殖出更多疟原虫。

阶段3 疟原虫感染了人体内的红细胞，繁殖出更多疟原虫，并蔓延至全身。

阶段4 一只未受疟疾感染的蚊子叮咬了一个感染疟疾的人，该蚊子也被传染。

阶段5 这只被人体感染疟疾的蚊子也能将疟疾传播给其他人。

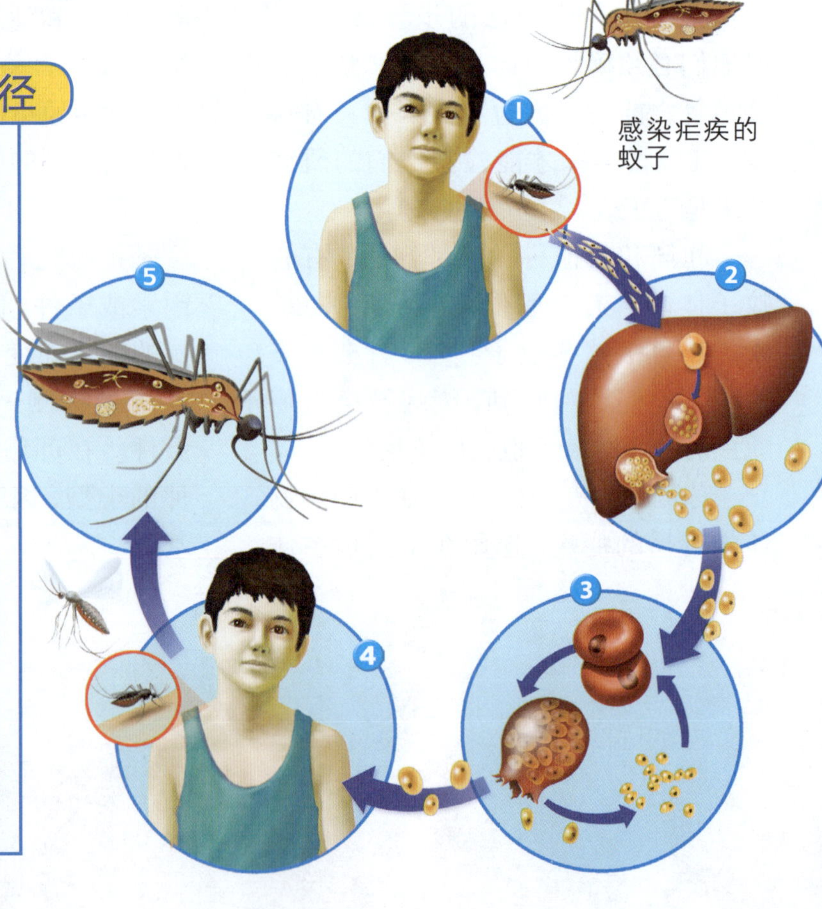

为了验证自己的假设，苏珊决定去美国的加利福尼亚州寻找证据。篱蜥在加利福尼亚州很常见，也很容易捕捉。苏珊采集了篱蜥的两份血液样本。她在显微镜下观察其中一份血液样本，看看其中是否有疟原虫，以此判断该篱蜥是否感染疟疾。如果这只篱蜥感染了疟疾，她会继续用第二份样本来观察疟原虫的基因。

回到实验室后，莉莉安娜帮助苏珊一起分析她采集到的血液样本。她们从篱蜥的血液中提取了疟原虫的基因，然后将这些基因与其他宿主体内疟原虫的基因进行比较。同时，她们还使用高清显微镜和计算机来检测疟原虫。

验证假设

1. 认真思考这些不同来源的数据，其中哪些可以用来验证假设。
2. 选择最有效的途径来收集数据。
   - **完成实验**（在实验室里）
   - **观察真实环境**（在野外）
   - **建立和使用模型**（在电脑上）
3. 制订可以收集这些数据的实验计划。

▶ **确保根据这些操作步骤，其他人也能重复这项实验。**

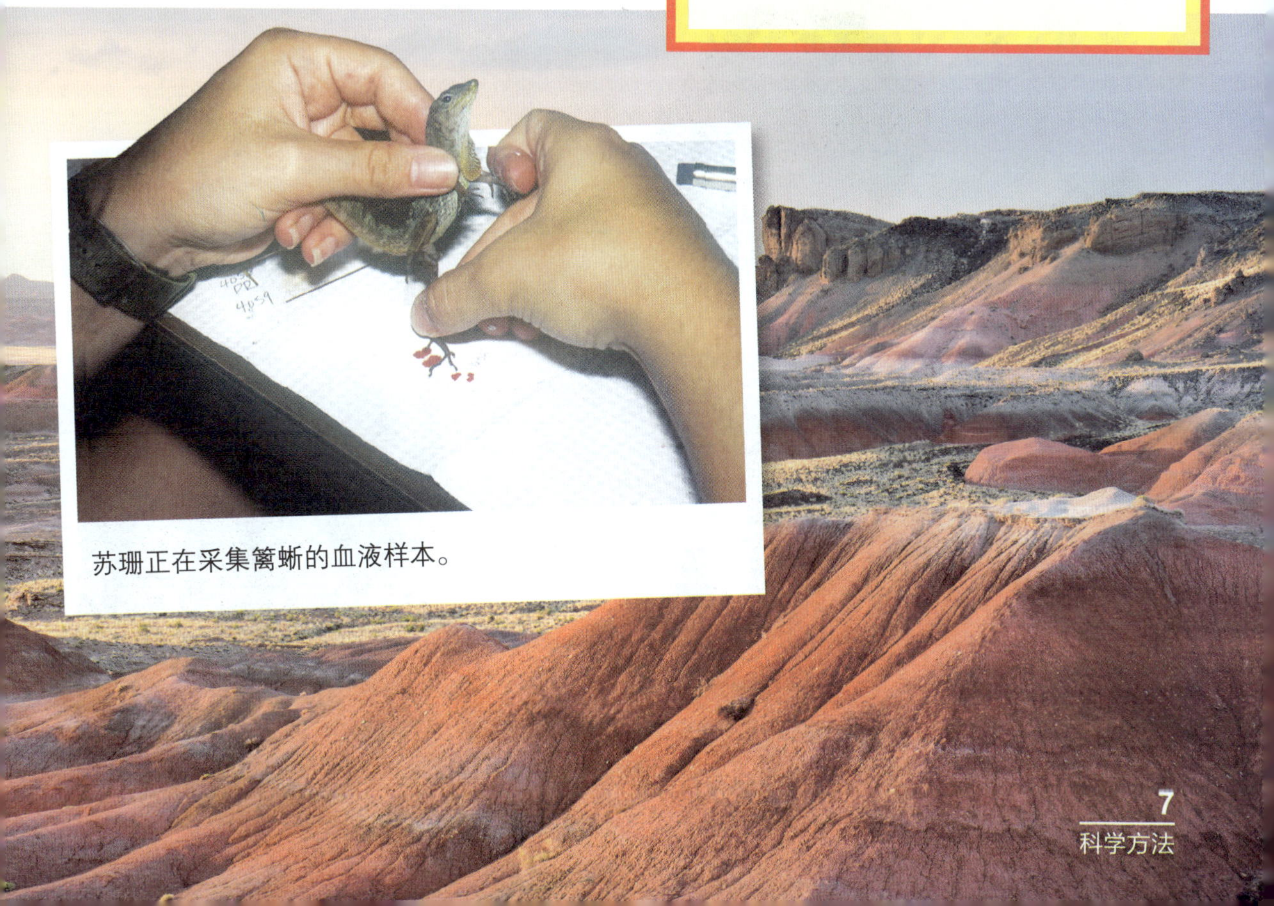

苏珊正在采集篱蜥的血液样本。

科学家怎样分析数据？

要想验证假设，其中一部分工作就是要整理收集到的数据，并从中寻找规律。苏珊和莉莉安娜不仅从篱蜥体内采集到了疟原虫的基因，还从啮齿动物体内收集到了疟原虫的基因。和人类及其他哺乳动物一样，啮齿动物也会因为被蚊虫叮咬而感染疟疾。

由于单个基因太小，无法直接观察，所以科学家会利用一种特殊的化学工艺来复制它们。然后，他们再将复制后的基因注入一片凝胶中。

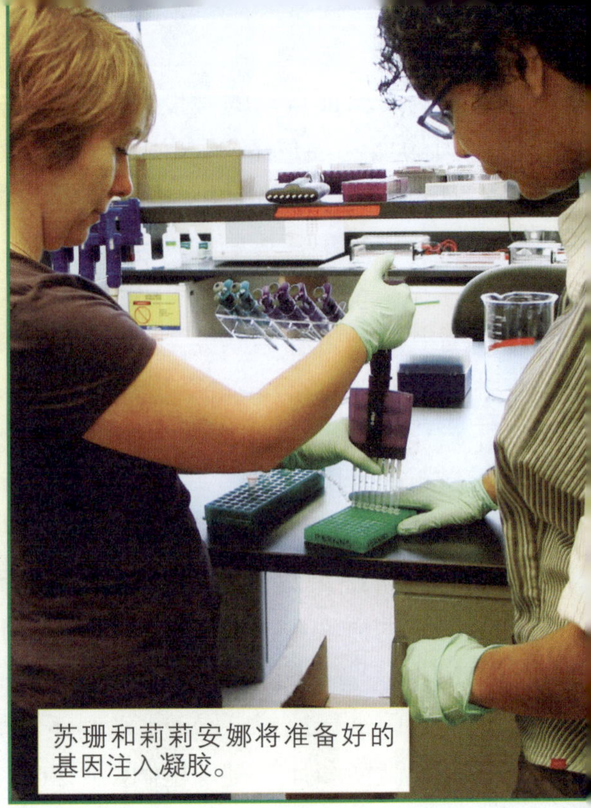

苏珊和莉莉安娜将准备好的基因注入凝胶。

苏珊和莉莉安娜从血液中采集基因。

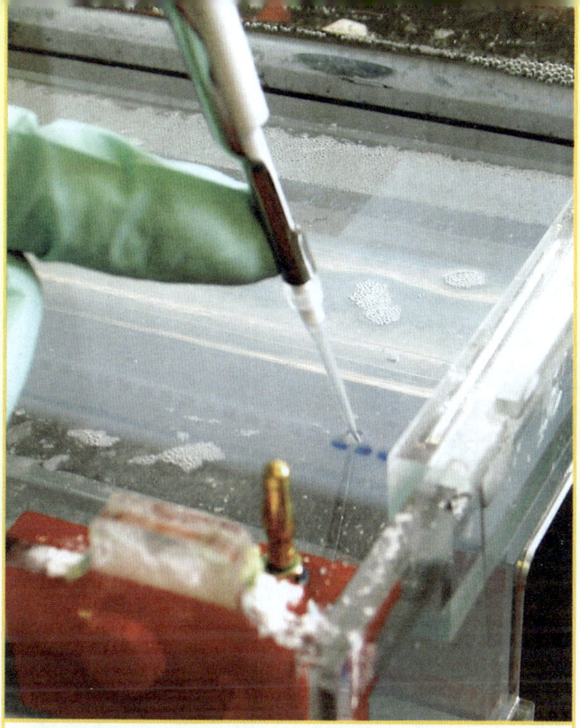

莉莉安娜正在检验凝胶中的基因样本，确定它们的模式。

分析数据

1. 把数据整理成统计图、表，或者示意图、地图等。
2. 寻找数据的变化规律。这些规律能反映假设中测试的自变量是如何影响因变量的。

▶ **将所得数据与其他来源的数据进行比较，检验数据。**

这种凝胶上有不同大小的气孔。这些气孔会根据基因大小将基因分离成片段，这样，基因片段就会在凝胶上形成条带。

科学家可以根据这些条带中呈现的规律来比较不同的基因。“这是一件精细活，可能要花几个星期才能完成。”莉莉安娜说道。

苏珊和莉莉安娜发现，篱蜥体内所有疟原虫的基因都具有相同的模式，这是感染篱蜥的疟原虫只有一种核糖体的证据。

但是，在啮齿动物体内采集的疟原虫基因，却表现出了与篱蜥体内的疟原虫基因不同的模式。这证明感染不同生物的疟原虫有不同种类的核糖体。

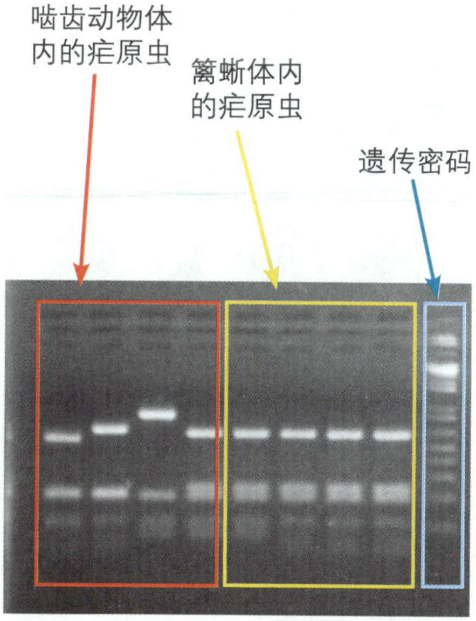

疟原虫核糖体的基因在啮齿动物和篱蜥体内表现出不同的变化规律。

科学家怎样得出结论？

现在，苏珊和莉莉安娜要分析她们的证据是否支持之前的假设。疟原虫在不同的生物种群之间传播时，是否表现出相同的模式？不，它们的表现模式不一样！证据表明，感染啮齿动物的疟原虫有两种核糖体，而感染爬行动物篱蜥的疟原虫只有一种核糖体。

苏珊和莉莉安娜的研究结果并不支持她们的假设。“我们原以为所有疟原虫都会表现得跟人体内的疟原虫一样，但实验结果却不是这样。”莉莉安娜说道。

苏珊和莉莉安娜准备继续研究新问题。

在科学研究中，验证一个假设成立或者不成立都很有价值——事实上，证明某个假设不成立往往更有意义！苏珊和莉莉安娜仔细检查了她们的数据和操作步骤，并做了详细的记录。这样，其他研究疟疾的科学家就可以从她们的研究中得到启发。

她们的研究结果为生物学家提出了新的问题：疟原虫感染人类和其他哺乳动物的方式是独一无二的吗？为什么这些寄生虫有不同种类的核糖体？这个结果对研究治疗这种疾病的新方法有什么帮助？这些新的问题都很重要，因为它们会带来新的假设。

得出结论

1. 判断数据能否清楚地支持假设。
2. 如果数据不能确切支持假设，就要重新审视检验假设的过程，并制订一个新的实验计划。
3. 写下结论，并与他人分享。

▶ **一定要提出新的问题。**

她们接下来要研究的动物可能是印度的鹿、马达加斯加的狐猴、智利的企鹅。

莉莉安娜在野外继续研究疟原虫。

科学技能

科学家在运用科学方法时，会使用许多技能。这些技能可以帮助科学家收集信息，并帮助他们回答关于我们周围世界的一些问题。以下是他们常用的一些技能。

用弹簧测力计测量物体的重量。

观察　运用感官来了解一个物品或一个事件。

做出假设　做出一个能够被检验的、能回答某个问题的陈述。

交流　和他人分享信息。

分类　将事物根据其相似属性分组。

处理数据　用排序，计数，加、减、乘、除等方法来整理和解释数据。

建立模型　针对某种错综复杂的事物或过程而设计的一种代表物。

用表格组织和解释数据。

科学家通过记录观察结果来与其他科学家进行交流。

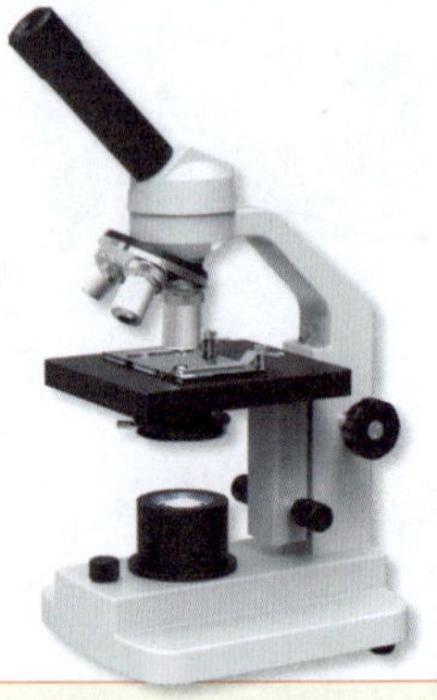

用显微镜观察微小事物。

科学家通过实验来验证假设。

使用变量　明确某些可以控制或能改变实验结果的因素。

解释数据　利用收集到的信息来回答问题或解决问题。

测量　确定事物的大小、距离、时间、体积、面积、质量、重量或温度等。

预测　设想事件或实验的可能结果。

推理　根据事实或观察结果，合理地推断出一个想法或观点。

实验　用来验证或反驳假设的一系列测试过程。

探究技能培养

在本书的每章，都有一组探究技能训练。这些栏目可以帮助你培养成为科学家所需要的技能。

科学家用模型来解释事物的发生过程。

聚焦技能

科学和技术：设计过程

你有没有想过，周围的各种产品是怎么制造出来的？许多产品能帮助我们解决生活中的某个问题。例如，与步行相比，汽车能让我们更便捷地从一个地方到达另一个地方。许多这样的产品都是从一个想法开始的，这个想法逐渐完善，最终发展成一种产品。在将想法变成产品的过程中，工程师会使用一系列被称为**设计过程（design process）**的步骤。

▶ 学习

设计过程的第一步是先设想某个问题可能的解决方案并绘制草图。然后，选择其中一个解决方案，尝试、设计或构建一个模型。

在构建模型后，你需要测试你设计的模型。通过测试，你可以了解产品能否达到预期的效果。在设计过程的测试阶段，还需要收集数据。在测试设计过程中，要不断提出问题：这个想法可行吗？有什么需要继续改进的地方？这个产品还能做得更好或更简单一些吗？

▶ 尝试

地球表面的大部分地方被水覆盖，而这些水大部分都是咸水。许多生物，包括人类在内的生存都离不开淡水。咸水可以变成淡水吗？请设计一个装置，要求这个装置能从咸水中分离出可饮用的淡水。

材料 咸水、碗、塑料杯、保鲜膜、漏斗、塑料管、过滤纸、塑料瓶、量筒以及其他你认为需要的物品。

1. 想一想哪些设计方案能够从咸水中分离出淡水，将你的想法写下来，并进行比较。选择其中一个设计方案，并根据本页所示的表格将它画出来。
2. 组装你设计的装置。你能用这个装置得到淡水吗？如果能，盐去哪里了？测量你获得的淡水量。

▶ 应用

1. 比较你的设计和其他同学的设计。分析彼此的装置各有什么优缺点，并相互提出改进意见。将同学的建议记录在你的表格中。
2. 改进设备以获取更多淡水。重复上述实验过程，你能获得更多淡水吗？
3. 看看其他同学的设计，哪些设计亮点能够帮助你获取更多的淡水？你能把其他同学的设计亮点应用到自己的装置上吗？汇报你的结论。讨论这样的装置对人类和其他生物的影响。

安全提示

室内

- 阅读所有操作指南，确保你已经完全理解。看见“△小心！”标志时，务必要谨慎。
- 请认真听从老师强调的安全守则。如果你有不懂的地方，应及时向老师寻求帮助。

- 活动开始前，用肥皂或洗手液洗手。
- 使用电热板时要小心，特别要注意它的开关状态。记住，电热板电源关闭后，还会保持数分钟的热度。
- 如果你在做实验时需要使用一些脏乱或容易溅出的材料，请记得穿上实验服。

- 如果有液体不慎溅出，请立刻清理或寻求老师的帮助。
- 请按照老师的要求处理废弃物。
- 如果有器材损坏，应该立即报告老师。如果打碎了玻璃制品，不要自行清理，应报告老师，获取帮助。

- 根据老师的要求戴上护目镜。实验操作时，可能会用到一些固体或液体，为防止它们飞溅到眼睛里，请一定要戴上护目镜。
- 把头发绑好，把袖子挽起来，确保你的头发和衣服远离明火。
- 使用电器设备时，要确保手是干燥的。
- 实验过程中禁止饮食。
- 请按照老师的要求，把实验器材和设备放回原处。
- 活动结束后，将实验场所清理干净并用肥皂或洗手液洗手。

室外

- 户外活动时找一位可信任的成年人陪同，可以是老师、父母或其他监护人。
- 没有得到成年人的允许，请不要随意触摸动植物。因为有些动物可能会咬人，有些植物可能有毒。

责任 **请尊重生命、尊重他人、爱护环境。**

生态系统

小心！这条蛇正藏在沙子里，
等候下一顿美餐！

科学和工程

实践：建立和使用模型

回想一下你以前吃的汉堡，那些做汉堡的原料都曾是生物的一部分。生菜、西红柿和面包来源于植物，牛肉饼来自牛。那么，组成这些生物的物质又来自哪里呢？做汉堡的原料进入人体后又会发生什么变化？

▶ 学习

物质会在环境中循环，是因为生物无法完全消耗物质，相反，生物会转化物质。物质进入生物体后，会转化成生物体的一部分，或者作为废弃物排出体外。

想一想被兔子吃掉的生菜。组成生菜的物质被兔子的消化系统分解，其中一些转化为兔子身体组织的一部分，另一些则被当作废弃物排出兔子体外。如果兔子被猫头鹰吃掉了，组成兔子的这些物质也会经历同样的过程。简单地说，组成生物体的物质会在不同生物体之间不断传递。

▶ 确定问题

假设你刚刚在科学博物馆找到了梦寐以求的工作。你的第一个项目是和团队合作，一起设计并举办一次展现物质在植物、动物、分解者和环境中相互传递的展览。

▶ 进行研究

进一步查找资料，了解物质是如何在生物和环境之间传递的，并记在笔记上。你所举办的展览将基于这些研究结果。当你在做研究时，不仅要研究植物组织是怎样形成的，还需要研究生物体残骸中的组成物质会发生什么变化。务必把这些信息纳入你的展览中。

▶ 头脑风暴，寻找解决方案

团队合作项目中，举办一场头脑风暴能帮助你们找到更好的展示方式。确保你考虑到了想要展示的所有信息，你还可以把不同的设计绘成草图，想一想这些设计可能会受到哪些制约或者说有什么局限性。

▶ 选择一种解决方案

在综合考虑多种可能的设计方案后，选取一种最理想的方案进行实践。当你要选择一个设计方案时，要考虑该设计方案是否最容易完成，同时又能呈现你所要展示的全部信息。确定方案后，收集需要的相关材料，将你的方案进行完善。

▶ 交流

在全班同学面前展示你的方案，并和同学们一起讨论。他们喜欢这个方案的哪些方面？他们认为还有哪些地方可以做得更好？讨论方案的最佳方面和可改进的地方。

▶ 重新设计

你可以对原先设计的方案做哪些改变？和团队一起讨论你从其他同学处获得的反馈，调整设计方案并再次在班级中进行展示。

第1章

生态系统中的相互作用

大概念

生物间怎样相互作用?

基本问题

第1课

在一个生态系统中，生物间的能量是怎样流动的?

第2课

生态系统中的生物和非生物是怎样相互作用的?

第3课

适应对生物在其所处环境中生存有何帮助?

核心词汇

生态系统　一个环境中所有相互作用的生物和非生物构成的整体。

食物网　由生态系统中相互交织的食物链组成。

捕食者　捕猎其他动物为食的生物。

能量金字塔　展示一个生态系统中各营养级所具有能量的图表。

共生　两种或两种以上生物之间维持的长期互利关系。

伪装　动物通过与环境融为一体，以躲避捕食者的一种适应性。

第1课

生态系统中的能量流动

看一看，想一想

猎豹捕食时的奔跑速度可达每小时 112 千米。这需要耗费很多能量！生物是怎样从其他生物处获得能量的？

探究活动

同一条食物链中的生物是怎样相互作用的？

材　料

- 空白便签卡
- 彩色美术纸
- 固体胶
- 杂志
- 荧光笔
- 剪刀

实验目的

食物链反映了食物和能量是怎样从一种生物传递到另一种生物的。生产者自己制造食物，草食动物以生产者为食，肉食动物以草食动物为食。根据下表画出食物链。

生产者	草食动物	肉食动物
藻类	蚱蜢	狼
浆果、开花植物	鹿	水獭
灌木	花栗鼠	鹰
种子、草	松鼠	知更鸟
橡果、橡树	鱼	猫头鹰

实验步骤

1. 根据上表制作如图所示的卡片。在卡片上绘制一个三栏表格，给每一栏标明名称。
2. 在卡片上画上或贴上对应生物的图。
3. 在你的生物卡片上列出 5 条食物链，并在表格中画上或贴上相应的生物图。

步骤 2

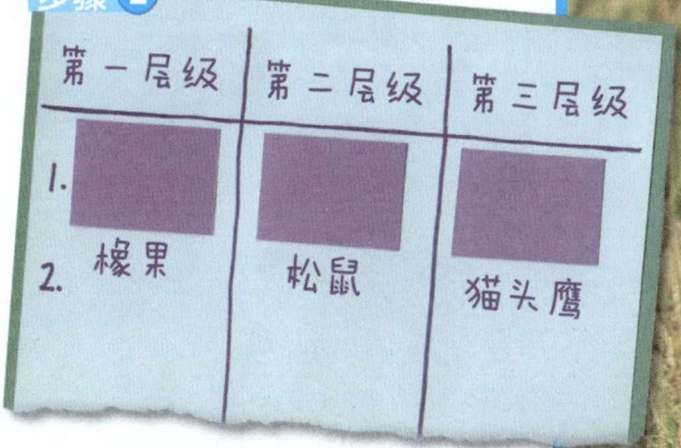

得出结论

4. **交流** 把你列出的食物链和其他同学列出的食物链做比较，并解释结果。
5. **推理** 食物链可以重叠吗？这会对生态系统造成什么影响？

进一步探究

研究一条食物链，它是哪种生态系统中的一部分？这个生态系统中还有哪些生物？这些生物与你所列的食物链有什么关系？

读一读，学一学

基本问题

在一个生态系统中，生物间的能量是怎样流动的？

词汇

生态系统　种群
群落　食物链
食物网　捕食者
被捕食者　能量金字塔

阅读技能

顺序

首先 → 其次 → 最后

什么是生态系统？

想象一下你正在一座美丽的森林里徒步旅行。你会看到什么？沿着道路两边生长着各种植物，包括云杉树、野花和草等；偶尔还有花栗鼠在小道上疾驰而过，鸟儿飞过头顶的天空。这些都是环境中的生物，或者说是**生物因素**。

同时映入你眼帘的还有大量的非生物，或者说是**非生物因素**。吸入肺中的新鲜空气，散落在小道上的鹅卵石，坡下小溪中潺潺的流水，等等。所有这些生物和非生物因素共同构成了森林生态系统。**生态系统（ecosystem）**包括环境中的所有生物和非生物。

生态系统中的生物和非生物因素相互作用，为生物提供生存所需。我们已经知道，植物需要土壤、阳光、空气和水等非生物因素才能生存。反之，植物也为生态系统中的大多数动物提供食物。

森林生态系统

生态系统中的生物体可以分成不同的种群。一个**种群（population）**包括某一地区在某一特定时间内单个物种的所有成员。例如，森林中所有的蓝云杉组成了一个种群。每个物种都会形成自己的种群。黑脉金斑蝶、赤蛱蝶和眼形斑翅蝴蝶在生态系统中都有各自独立的蝴蝶种群。

许多不同的种群组成了一个群落。一个**群落（community）**包括生态系统中的所有生物。除了植物和动物，群落还包括细菌、原生动物和真菌。例如，森林群落的土壤中生活着大量的霉菌和细菌。大多数生态系统的生物群落中可能都有成千上万个种群。

这根腐木就是一个微型生态系统，其中包含真菌、霉菌和细菌。

生态系统可以是局部的，也可以是大范围的。覆盖大片区域的整个森林可以成为一个生态系统，森林当中一根倒下的腐木也可以构成一个生态系统。

快速检测

排序　按照从小到大的顺序列出组成生态系统的各个部分。

批判性思维　土壤通常被称为生态系统中的非生物因素。为什么土壤也可以被认为是生物因素？

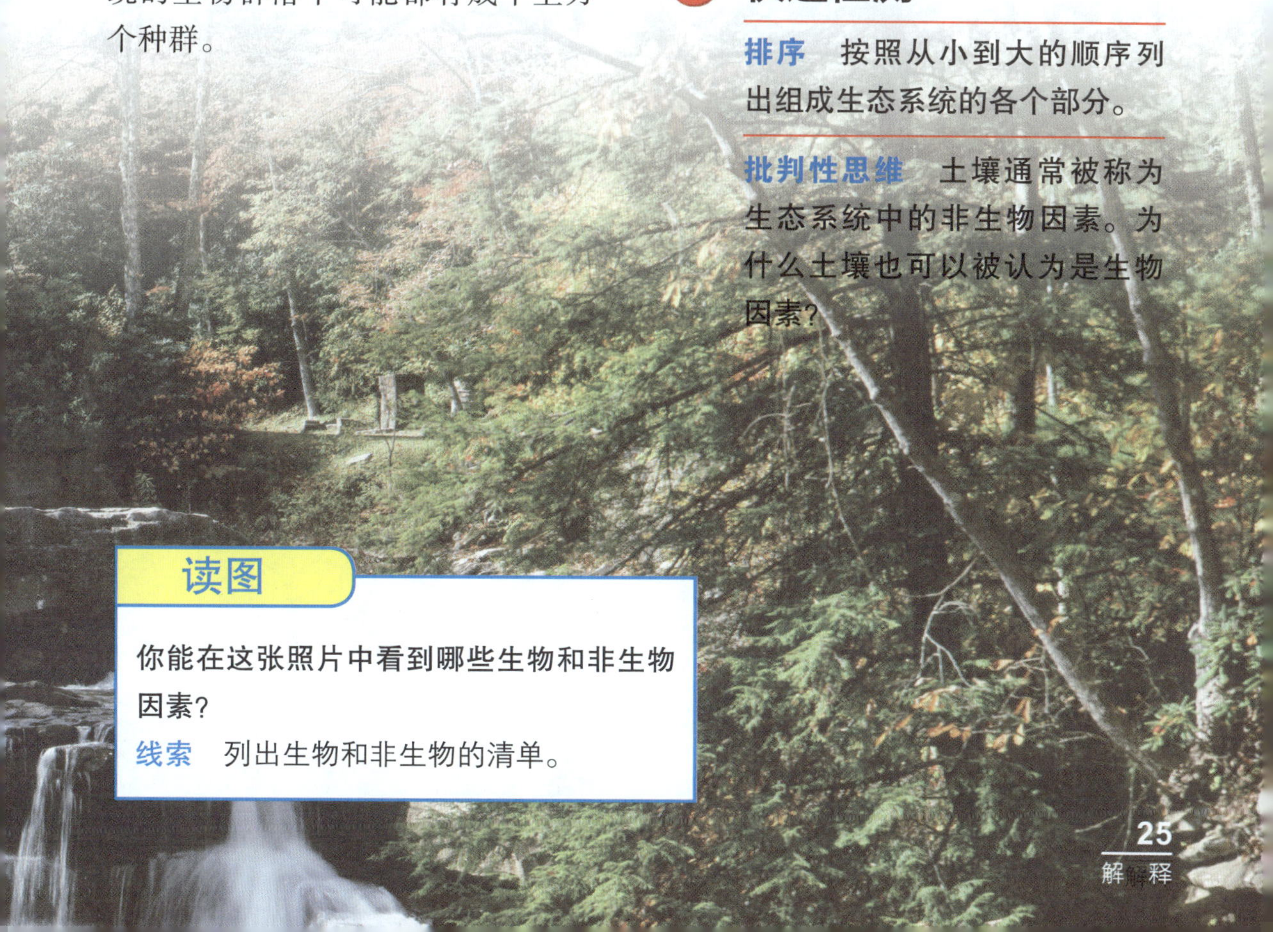

读图

你能在这张照片中看到哪些生物和非生物因素？

线索　列出生物和非生物的清单。

食物链之间有何相似之处?

能量和营养物质在生态系统中流动的路径叫作**食物链(food chain)**。食物链表示生态系统中生物体之间食用与被食用的关系。能量在食物链中沿一个方向流动。一旦能量被生物体利用，它就会以热能的形式从生物体体内释放出来。这部分能量对生态系统中的其他生物来说就无法再利用了。

食物链中的能量从太阳开始。太阳是地球上几乎所有生物的能量来源。**生产者**是利用太阳能制造糖分和氧气的生物。生产者是每一条食物链的基础。

在光合作用过程中，植物和藻类等生产者利用二氧化碳和水制造糖类。糖类是消费者的原始食物来源。**消费者**是任何以植物为食或以其他动物为食的动物。

陆地上的食物链

以生产者为食的动物称为**草食动物**。草食动物包括松鼠等部分啮齿动物、某些鸟类和昆虫，以及某些通过放牧养殖的家畜等。以其他动物为食的动物称为**肉食动物**，如山猫、鹰等。既吃植物又吃其他动物的动物称为**杂食动物**，如浣熊、老鼠和某些螃蟹等。

食物链中还有分解者。**分解者**分解死亡或腐烂的植物和动物残骸。分解者包括真菌、细菌等微生物以及白蚁、蠕虫等某些小型动物。

食物链中还可能包括**食腐动物**。食腐动物也属于消费者，它们自己并不捕猎，而是以死去的动物的遗体为食。常见的食腐动物包括秃鹰、野狗、乌鸦和一些螃蟹等。

快速检测

排序 所有食物链都遵循的一般模式是什么？

批判性思维 一条食物链中，营养级最少是多少？最多呢？

池塘中的食物链

食物网由哪些组成?

在大多数食物链中，单种生物体不仅仅只被一种消费者所食用。例如，老鼠可能被山猫吃掉，也可能被鹰吃掉。这使得老鼠成为两条独立食物链共有的一部分。这些食物链可以结合起来，形成一个更大的食物网。

食物网(food web)是一个由相互交叉的食物链组成的网络。食物网看上去可能很复杂，但其实它就是几条组合在一起的食物链。我们应该怎么阅读食物网呢？与食物链一样，箭头代表能量流动的方向，箭头从被吃的生物指向以这种生物为食的另一种生物。

森林和盐沼中的食物网

读图

你能在这张食物网中找出三条独立的食物链吗?

线索 沿着箭头寻找。

在图中，从指向鹰的箭头可以看出，鹰捕食鱼、老鼠和小鸟。**捕食者(predator)** 是指捕猎其他动物为食的生物。顶级肉食动物是食物网中级别最高的捕食者。从老鼠出发的箭头表示它会被鹰、浣熊和山猫捕食。**被捕食者(prey)** 是指被捕食者吃掉的动物。

捕食者在食物网和食物链中很重要，它们限制了被捕食者的种群数量。当一个生态系统中被捕食者的数量减少时，这个生态系统中的生产者和其他资源就不太可能被耗尽。

快速检测

排序 描述建立食物网的步骤。

批判性思维 有没有一种生物能同时作为消费者、杂食动物、捕食者和被捕食者？如果有，请举例说明。

迷你实验

能量传递

1. 制作 100 张能量卡，每张卡代表 100 个能量单位。
2. 制作包括 4 个能量级的剪贴画：生产者、草食动物、肉食动物和顶级肉食动物。
3. 在生产者层级放置 100 张能量卡。这个层级共有多少能量单位？
4. 在能量金字塔中，假设有 10% 的能量单位能从一级传递到上一级，直至顶级肉食动物所在的层级。如有必要，可以使用剪刀剪能量卡。
5. 到顶级肉食动物层时还剩多少能量单位？

怎样比较能量金字塔？

能量金字塔（energy pyramid） 是反映一个生态系统中，每个层级可用能量的图表。在光合作用过程中，太阳的原始能量到底有多少得到了利用？事实上，只有10%左右的太阳能被生产者转化为食物中的能量。

当一个生产者被吃掉时，这些食物能量中只有约 10% 会转化成消费者的身体组织。其余的能量则用于维持生物体的日常活动，还有一些能量会以热能的形式被释放。例如，蝴蝶采花蜜来获得能量，随后，蝴蝶的身体就会利用这些能量来维持自身的生命活动。

陆地上的能量金字塔

如果植物体中只有 10% 的能量被转化成蝴蝶的身体组织，也就是说，还有 90% 的能量根本不能被蝴蝶利用！这一规律在能量金字塔的每个层级都会出现。当一只鸟吃掉这只蝴蝶时，它获得的能量就更少了。在每个阶段，都有大约 90% 的能量没有得到利用。这意味着什么？这意味着大多数进食模式都不是很高效。

能量金字塔表明，维持一个生态系统需要大量的生物。金字塔的底部代表生产者，它是最大的层级，因为它包含了最多的生物，因此也有着最多的能量。随着层级上升，金字塔内各级生物的数量和可用的能量都逐渐减少。

在任何生态系统中，生产者的数量都大于草食动物的数量。同样，草食动物的数量也比肉食动物多很多。例如，在森林里，花的数量比蝴蝶多，蝴蝶和其他昆虫的数量比鸟类多，而鸟类的数量比顶级肉食动物山猫又要多很多。

快速检测

排序 解释能量金字塔中的能量是怎样被利用的。

批判性思维 在草原生态系统中，你会希望兔子或鹰的种群数量增加吗？解释原因。

水里的能量金字塔

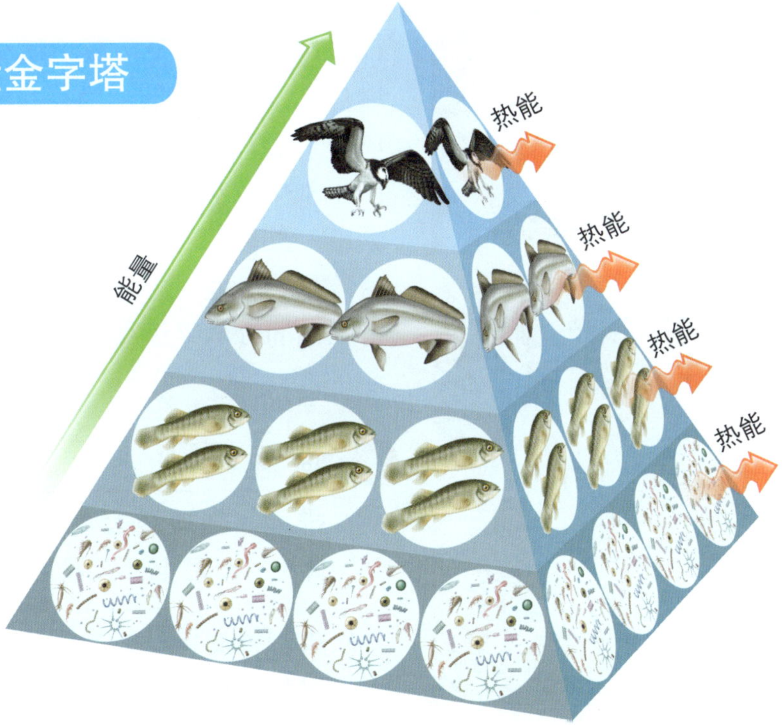

某一因素的变化对整个食物网会有什么影响?

大部分生态系统在大多数情况下都能够保持平衡。当顶级肉食动物从食物网中消失时，会发生什么？当食物网中某一种群的数量增加时，又会发生什么？这些变化都会引发一系列影响食物网中所有生物的事件。

当顶级肉食动物从食物链中消失时，被捕食者的种群数量就不再受到控制。于是，被捕食者开始无限制地繁殖。被捕食者的数量增加后，需要更多的生产者向它们提供能量。例如，如果把山猫从森林食物网中移除，鸟类、老鼠和浣熊的数量就会增加，很快，为上述生物提供能量的草、树木和其他生产者的数量就会锐减。

有时，生态系统中的某个种群可能会失控。例如，**赤潮**是沿海地区单细胞藻类突然爆炸性生长导致的。当富含营养的深层水在风暴后被带到水体表面时，就会发生赤潮。由于水中含有很多营养物质，藻类开始不断繁殖。藻类产生的毒素会导致食用藻类的小鱼等生物死亡，最后导致以鱼类为食的生物可利用的食物来源减少。

快速检测

排序　把顶级肉食动物从食物网中移除时，会发生什么情况？

批判性思维　如果把生产者从食物网中移除，可能会发生什么情况？

课后回顾

摘要

	生产者、消费者和分解者都在食物链中发挥着重要作用。
	食物网是由相互交叉的食物链组成的网络。
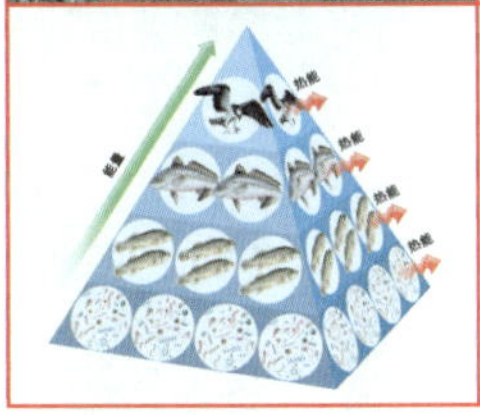	能量金字塔反映了一个生态系统中，每个层级的可用能量。

制作 折叠式学习卡

如图所示，制作一个折叠式学习卡，并根据图中标题总结你本课所学到的相关知识。

想一想，说一说，写一写

1. **词汇** 通过捕猎获取食物的消费者称为__________。
2. **排序** 描述太阳能经过能量金字塔每个层级时发生的事件。

首先 → 其次 → 最后

3. **批判性思维** 你会把分解者置于能量金字塔的哪个位置？请解释原因。
4. **测试** 食物网可以分解成单独的什么？
   A 生产者　　B 分解者
   C 食物链　　D 能量金字塔
5. **测试** 能量金字塔中最大的群体是哪一个？
   A 消费者　　B 生产者
   C 肉食动物　　D 草食动物
6. **基本问题** 在一个生态系统中，生物间的能量是怎样流动的？

写作链接

你的食物链

你属于食物链的哪个部分？描述一下你今天中午吃了什么。说一说这些食物位于食物链或食物网的哪个部分。

数学链接

能量金字塔

假设能量金字塔的所有表面或侧面都是三角形。它有多少个侧面？多少条边？多少个顶点？

长鼻袋鼠和响尾蛇

虚构性叙事

一个好的小说故事需要：

- 有一个有趣的开始、过程和结尾；
- 描述清楚故事发生的时间、地点或周围环境；
- 有一个或数个围绕问题或冲突展开的情节；
- 有行为合乎情节发展的角色。

那是沙漠中一个凉爽的夜晚。长鼻袋鼠从地下洞穴里爬了出来。它蹬一蹬长长的后腿，跳到附近的灌木丛中。在那里，它发现地上有一些种子。长鼻袋鼠高兴极了，吃得脸颊鼓鼓的，甚至都没听到身后传来的轻柔的沙沙声。

“你好，毛茸茸的朋友，”响尾蛇说，月光洒在它背上棕色的钻石形鳞片上，看起来闪闪发光，“我也饿了，这些种子好吃吗？”

“你退后！”长鼻袋鼠发出了尖叫，回头时看到响尾蛇已经爬到它附近了。“别傻了，我不会吃你的，我只想要你的一些种子而已。”响尾蛇嘶嘶地边爬边说。它很快就爬到了攻击距离以内，长鼻袋鼠想赶快跳走，但为时已晚。

写作

虚构性叙事 选择另外两种具有捕食与被捕食关系的生物，写一篇虚构性叙事文章，内容围绕这两种生物发生的冲突。

计算能量利用效率

在能量金字塔中，每个层级的可用能量中只有约 10% 被作为食物能量得到了利用。这是一种低效率的能量利用方式。我们可以通过计算每一层级有多少能量被用作食物，又有多少能量被转换成热能，以此看出能量的利用效率到底有多低。

假设太阳辐射发出了 95000 个单位的能量。要计算生产者利用了多少单位的能量，就要先计算 95000 个单位的 10%。95000 的 10% 是 9500，这就是生产者获得的能量。

百分比的计算方法

- 把百分比写成小数。

  10%＝0.1

- 将这一小数与总数相乘。

  95000 × 0.1＝9500

解决问题

1. 假设生产者这一级共有 9500 单位的可用能量。根据右图中的能量金字塔，计算每个层级将有多少单位的可用能量。每个层级有多少单位的可用能量被转化成热能？

   提示：要计算转化了多少热能，需要计算出每一级 90% 的可用能量有多少。

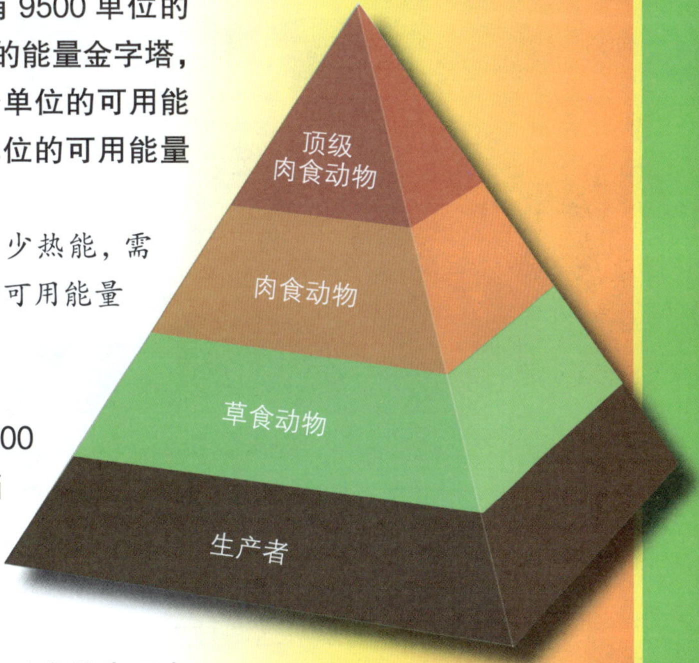

2. 假设一株植物利用了 6400 个单位的太阳能。当肉食动物吃草食动物时，最多会获得这里面多少单位的可用能量？植物以热能的形式散失了多少单位的能量？

第2课

生态系统中的关系

看一看，想一想

长脚雉鸻在河马背上捉了几个小时的小昆虫和扁虱。这种关系对这两种生物各有什么意义？

探究活动

生物需要什么才能生存?

做出预测

生物需要什么才能生存？水生环境中的生物需要的物质是不是与陆地环境中的生物不一样？做一个预测。

验证预测

1. 创设一个水生环境：将沙砾放入一个容器中，在容器里装满池塘水，加入水生植物和螺。
2. 创设一个陆地环境：将沙砾放入另一个容器中，上面再覆盖一层泥土。加入草籽和蚯蚓，再洒上一些泥土。别忘了给种子浇水。
3. 用盖子盖好两个容器，然后将容器放置在光线充足的地方，但要避免阳光直射。
4. **观察** 每天检查容器中的变化，坚持一周。每种环境中的生物体是否会发生相互作用？记录下你的观察结果。

得出结论

5. 水生环境和陆地环境中的非生物和生物因素分别是什么？
6. **推理** 植物是怎样帮助动物在水生环境中生存的？在陆地环境中呢？
7. 如果两种环境中的植物或动物都被移除，会发生什么情况？

进一步探究

还有哪些因素会影响生物体的生存？尝试在两种环境中加入更多的植物或动物，然后将它们置于黑暗中几天。这两种环境会发生什么变化？

材 料

- 沙砾
- 2个带盖容器
- 池塘水
- 水生植物
- 螺
- 泥土
- 草籽
- 蚯蚓

步骤 2

步骤 3

读一读，学一学

基本问题

生态系统中的生物和非生物是怎样相互作用的？

词汇

- 限制因素
- 环境承载力
- 栖息地
- 生态位
- 共生
- 互利共生
- 偏利共生
- 寄生

阅读技能 ✔

推理

线索	已知信息	推理信息

为什么生物会竞争？

生态系统中的生活是一场永不停息的斗争。这是因为，生物生存所需的食物、水、空间和其他资源都是有限的。生物竭力争取着每种资源的份额。这种争夺有限资源的斗争称为**竞争**。

谁参与了这场生态系统中的竞争？同一种群内的生物相互竞争。一只狐狸必须和其他狐狸竞争才能抓到兔子。不同种群之间也在相互竞争。例如，狐狸和鹰都吃兔子，但是兔子的数量是有限的，所以这两种肉食动物种群便会争夺食物。兔子也需要与其他草食动物种群争夺食物。

种群的生存最终取决于资源。**限制因素 (limiting factor)** 是指限制种群数量增长的一切资源。例如，森林在夏天时降雨量更多，气温也相比冬天温暖得多。因此在夏季，森林可以养活的种群数量比冬天要多。在这种情况下，降雨和温度是限制因素。常见的非生物限制因素包括水、温度、天气、土壤类型、生长空间、居所和阳光等。

生物因素也会限制生态系统。草原生态系统中的生产者比沙漠生态系统多。因此，草原可以养活更多的草食动物和肉食动物。在这种情况下，可

冬天，美洲野牛的食物相对稀缺。

这片池塘里的藻类过剩。

获得的食物数量就是沙漠生态系统的生物限制因素。有了更多的食物，草原生态系统可以养活更多的种群。

生物和非生物因素共同决定了每个种群的环境承载力。**环境承载力(carry capacity)**是一个生态系统能够承载的某个种群最大数量的个体。例如，一个雨林可以养活一定数量的美洲豹。如果美洲豹的数量持续增加，它们就很难找到食物。很快，一些美洲豹会死亡，种群数量将恢复到原先的水平。

有限的空间也会限制种群的增长。在营养丰富的池塘里，藻类种群有充足的营养可供生长，但是藻类大量繁殖后，会因为藻层太厚以至于耗尽池塘里所有可用的氧气。如果没有足够的氧气供呼吸作用所需，池塘里的藻类和其他生物就会开始死亡。

真相 种群不能无限制地增长。

迷你实验

限制因素

1. △ **小心！** 剪出 20 个半径 2.5 厘米的圆。每个圆表示一株植物的根系范围。
2. **测量** 制作一个边长 20 厘米的方形纸板，作为这些植物的生长环境。
3. 将 8 株植物投放到环境中。如果一株植物的根系不接触另一株植物，它就能存活下来。但如果一株植物的根系接触到另一株植物，就要把这两株植物都移除，并将结果记录在数据表中。
4. 将你投放的植物数量增加到 10、12、14 等，并记录实验结果。在植物都能存活的条件下，投放的植物数量最多是多少？
5. **推理** 空间为什么是种群的限制因素？

快速检测

推理 与海洋表面相比，海底是黯淡无光的，这里的生物也很少。在这个生态系统中，限制因素可能有哪些？

批判性思维 为什么肉食动物种群的数量突然增加通常是短暂现象？

生物如何避免竞争？

生物体通过在其所处的生态系统中拥有特定的领地和独特的角色来避免竞争。**栖息地 (habitat)** 是生物体生活和寻找食物的场所。有些生物的栖息地范围很小，例如，鼠妇大部分时间都呆在树桩下或岩石周围。蜜蜂的栖息地范围则比较大一些，不仅包括蜜蜂居住的蜂巢，还包括蜜蜂寻找鲜花的田野和森林。

生态位(niche)是指生物在群落或生态系统中扮演的不同角色。例如，两只鸟可能生活在同一个地点，吃同样的食物。但一只鸟在晚上活动，而另一只鸟在白天活动。因此，这两只鸟占据不同的生态位。

同理，两只鸟可能共享同一片热带雨林栖息地，但两者吃不同的食物。一只鸟吃植物，另一只鸟吃昆虫。这两只鸟在同一个群落中也占据两个不同的生态位。例如，旋蜜雀是在夏威夷群岛上发现的一组相关鸟类。这些鸟分享同一片栖息地，但通过吃不同的食物来避免相互竞争。

导颚雀吃树皮上的昆虫。

镰嘴管舌鸟从长长的管状花中喝花蜜。

夏威夷旋蜜雀

黄色夏威夷旋蜜雀以花蜜为食。

小夏威夷绿雀以花蜜和不同种类的昆虫为食。

白臀蜜鸟以生长在雨林高处树梢上的鲜花花蜜为食。

读图

为什么每种夏威夷旋蜜雀的喙形状各不相同？

线索 把鸟喙的形状和其觅食的方法进行比较。特定形状的鸟喙对于旋蜜雀获取不同的食物有什么帮助？

快速检测

推理 如果两个种群共享同种食物和同一栖息地，那么有什么关键差异会导致它们占据不同的生态位？

批判性思维 当生物体的栖息地被破坏时，它们会发生什么情况？

生物怎样从相互作用中受益?

生态系统中的生物也彼此依赖。例如,生态系统中的动物依赖植物和其他生产者来获取食物,植物依靠动物来获取二氧化碳。这些相互依赖的关系就是生物界相互依存的例子。**相互依存**是指生物体为了生存而对其他生物体产生的依赖。某些形式的相互依存比其他形式的联系更加紧密。**共生 (symbiosis)** 是两种或两种以上生物长期紧密依存的关系。

这些蚂蚁保护这株植物免受其他昆虫的侵害。

互利共生

一种对两种生物都有利的共生关系称为**互利共生 (mutualism)**。授粉者和开花植物之间的关系就是互利共生的一个典型例子。授粉者通常是昆虫或鸟类,它们从花中得到甜甜的花蜜,然后将一朵花的花粉传播到另一朵花的雌蕊上。这两种生物都从这种关系中受益。

蚂蚁和金合欢树也是一个互利共生的例子。金合欢树为蚂蚁提供食物和家园,反过来,蚂蚁保护金合欢树免受其他昆虫的侵害。这种关系有多成功?科学家曾试过用化学物质来清除金合欢树上的蚂蚁。但令人吃惊的是,没有蚂蚁,金合欢树很快就死了!

另外,互利共生还可以在地衣这个例子中看到。**地衣**实际上是共同生活在一起的两种不同的生物,一种是真菌,一种是藻类。真菌为藻类提供营养和家园,因此,藻类不会干死;相应的,藻类则为真菌提供食物和氧气。

英国士兵地衣

鳐鱼和䲟鱼

读图

将自己吸附在鳐鱼的身体上，䲟鱼能获得什么好处？

线索　已知䲟鱼不能从鳐鱼体内获得任何营养。

偏利共生

䲟鱼是一种会把自己的身体吸附在鳐鱼或鲨鱼身上的鱼。通过这种方式，䲟鱼能跟着鳐鱼到处游，并获得食物残渣和保护。那么鳐鱼能从䲟鱼处得到什么呢？虽然䲟鱼不会以任何方式伤害鳐鱼，但它对鳐鱼也没有帮助。这种在不伤害一个生物的情况下，对另一个生物有益的共生关系称为**偏利共生 (commensalism)**。

还有一个偏利共生的例子是雨林里长在树上的兰花。兰花的根没有扎在土里，而是高高地攀附在树上。这种情况对兰花有利，但也不会伤害树，所以也是一个偏利共生的例子。生长在鲸鱼背上的藤壶也是共生体。藤壶在鲸鱼背上安了一个家，鲸鱼也没有受到藤壶的伤害。

有时，很难判断生物之间的关系是否属于偏利共生。例如，小丑鱼生活在海葵的触角中，它利用海葵的触角来保护自己。当它被捕食者追逐时，小丑鱼会撤退到海葵的触角上。在这一关系中，小丑鱼显然受到了海葵的帮助。然而海葵是否从这种关系中受益却很难判断。大多数科学家认为这种关系仍属于偏利共生。

快速检测

推理　**藻类和真菌作为地衣生活在一起各有什么益处？**

批判性思维　**牛椋鸟以犀牛身上的寄生虫为食。这是互利共生还是偏利共生？为什么？**

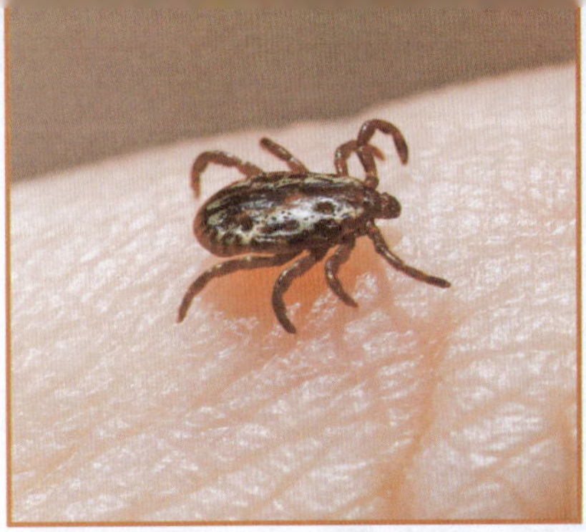

▲ 人类皮肤表面放大的木虱。

▲ 放大的绦虫。

▼ 七鳃鳗

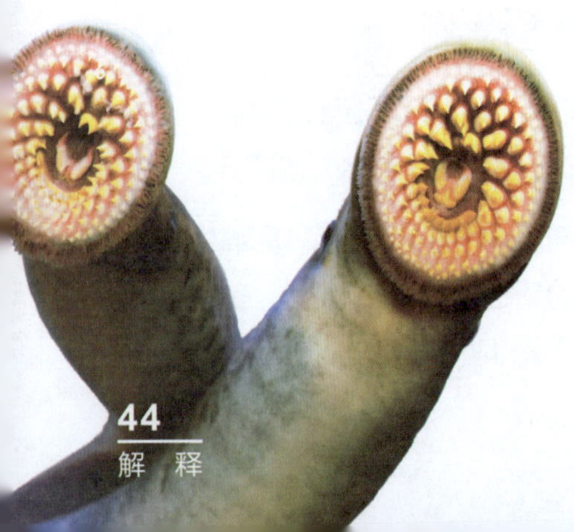

什么是寄生?

有些共生关系对其中一方是有害的。寄生(parasitism)就是一种生物体受益，另一种生物受害的共生关系。**寄生虫**生活在宿主体内或附着于宿主身上，从这种关系中受益，但宿主无法受益。例如，扁虱是狗和其他动物身上的寄生虫。扁虱把宿主的身体作为家园和食物来源。扁虱附着在宿主身上，又摄取宿主的血液，这就伤害了宿主，而扁虱的宿主无法从这种关系中受益。

有些寄生虫对宿主还有很大的害处。全世界数百万人身上都有一种名为绦虫的寄生虫。绦虫生活在人体肠道内，在人体内曾发现过长度超过 70 厘米的绦虫。绦虫会引起发烧和消化问题，对宿主有害。另一种危险的寄生生物是七鳃鳗。七鳃鳗的宿主是鱼类，它们用吸盘般的嘴巴把自己吸附在鱼身上，通过吸取鱼的血液和其他体液来伤害鱼。

有些寄生虫是原生生物，如引起痢疾的阿米巴原虫，它们通过被污染的食物或水进入宿主的体内。在非洲引起昏睡病的原生生物原本生活在奶牛和其他大型动物体内，当这些动物被苍蝇叮咬过后，其体内的原生生物就会被苍蝇传播到人类身上，导致人体发病。

快速检测

推理 为什么寄生虫往往伤害但不杀死宿主?

批判性思维 寄生关系与捕食者—被捕食者的关系有什么相似之处?

课后回顾

摘要

	竞争和限制因素控制着一个生态系统中的种群规模。
	生物通过占据不同的生态位和栖息地来避免竞争。
	互利共生、偏利共生和寄生都是共生的例子。

制作 **折叠式学习卡**

如图所示，制作一个折叠式学习卡，并根据图中标题总结你本课所学的相关知识。

想一想，说一说，写一写

1 **词汇** 生物在群落或生态系统中扮演的角色也叫作它的__________。

2 **推理** 被捕食者的数量保持不变，而捕食者种群数量突然减少了。除了疾病，还可能是什么原因导致的？

线索	已知信息	推理信息

3 **批判性思维** 人类是怎样改变自己栖息地中的非生物因素的？解释原因。

4 **测试** 下列哪种关系对两个生物都是有好处的？

A 竞争　　B 偏利共生

C 寄生　　D 互利共生

5 **测试** 下列哪个科学词汇是指某一生态系统中的所有生物？

A 群落　　C 限制因素

B 种群　　D 栖息地

6 **基本问题** 生态系统中的生物和非生物是怎样相互作用的？

写作链接

个人叙事写作

你占据了一个什么样的生态位？写一篇记叙文来讲述你独特的“生态位”。

数学链接

计算面积

假设一匹狼的栖息地是一个矩形范围，一边长 4.5 千米，另一边长 6.4 千米。这片栖息地的面积是多少？

聚焦技能

探究技能：预测

我们学过，有些动物是以捕食其他生物为食的。可是，你知道这种方式会对种群规模产生什么影响吗？当科学家面对类似的问题时，他们会进行模拟并对结果进行研究，这样他们就能**预测**在类似情况下可能会发生的事情。

▶ 学习

预测时，你要先陈述一个事件或实验的可能结果，然后进行测试并解释结果，验证你的预测是否正确。

记录预测结果以及测试过程中的任何观察或测量结果都是非常重要的。观察和测量结果为验证预测是否正确提供了书面证据。在本活动中，你将预测种群规模会发生什么变化。

▶ 尝试

在狼群中投入一些鹿，预测狼群中能有多少头鹿活下来。根据你所学的有关捕食者和被捕食者的相关知识做出预测，然后使用模型来检验你的预测是否正确。

材　料　胶带，8 块边长 7.5 厘米的美术纸方块，100 块边长 2.5 厘米的美术纸方块，记录表。

1. 用胶带在桌子上标记出一个边长 60 厘米的正方形，这个正方形代表一片草地。将 10 块边长 2.5 厘米的方块纸分散在草地上，每张方块纸代表一头鹿。
2. 把一块边长 7.5 厘米的方块纸投放到草地上，这种方块纸代表狼。将草地上任何接触到狼的鹿移除。为了生存，一头狼必须抓住（即方块互相碰到）3 头鹿。如果狼存活了，它就会产生 1 个后代。如果狼没有抓住任何鹿，它就会饿死。

捕食者—被捕食者数量统计

实验次数	鹿的数量	狼的数量	鹿被抓的数量	狼饿死的数量	狼存活的数量	新生狼的数量	剩余鹿的数量
1							
2							
3							
4							
5							
6							

3. 在数据表中记录结果。在这次实验中，狼和鹿各发生了什么情况？
4. 在下一次实验开始时，将上一次实验留下的鹿翻倍，代表新出生的鹿。把这些新出生的鹿分散在草地上。
5. 如果在上一次实验中，整个鹿群都被狼抓住了，那么在草地上增加 3 头新鹿。
6. 在每次实验中，原先有几头狼就再投放几头狼。这包括之前实验中幸存的狼及其产生的所有后代。在数据表中记录每一次实验的结果。
7. 重复步骤 1 至 6，总计实验 14 次。

▶ 应用

1. 预测接下来 6 次实验的结果。你的预测应该基于前 14 次实验中观察到的规律。然后再进行第 15 ～ 20 次实验。你的预测正确吗？
2. 根据 20 次实验结果绘制统计图。将鹿和狼的数据放在同一张图上，以便观察两者间的相互关系。将纵轴命名为“动物数量”，横轴命名为“实验次数”。用一种颜色表示鹿的数据，用另一种颜色表示狼的数据。

第3课

适应和生存

看一看，想一想

这些虫子看上去和周围的植物非常相似。与环境融为一体对生物来说有什么好处？

探究活动

适应对于动物在环境中生存有什么帮助？

做出假设

潮虫生活在原木、树叶和岩石下。潮虫更加适应潮湿的环境还是干燥的环境？以“如果潮虫生活环境中的湿度增加，那么……”的形式写下你的假设。

验证假设

1. **观察** 在锡盘上放置 15 只潮虫。用放大镜观察潮虫，并记录观察结果。
2. **实验** 将两张大小相同的纸巾分别撕成均匀的两半，把其中两张浸湿。
3. 把潮虫放到锡盘中央，然后将湿纸巾放在锡盘一侧，干纸巾放在另一侧。
4. 持续观察潮虫几分钟，留意它们的行为。
5. 10 分钟后，数一数锡盘两侧的潮虫数量，并记录下实验结果。⚠小心！碰过潮虫后请及时洗手。

得出结论

6. 根据你的观察结果，判断潮虫更喜欢哪种生存条件。
7. 在这个实验中，什么是自变量？什么是因变量？哪些是常量？
8. **推理** 实验结果支持你的假设吗？解释原因。

进一步探究

潮虫更加适应黑暗的环境还是明亮的环境？做出一个假设并对其进行检验，然后分析并撰写实验报告。

材料

- 潮虫
- 锡盘
- 放大镜
- 纸巾
- 水

读一读，学一学

基本问题

适应对生物在其所处环境中生存有何帮助？

词汇

- 适应
- 伪装
- 保护色
- 保护性相似
- 拟态

阅读技能

问题和解决方案

问题
↓
解决步骤
↓
解决方案

什么是适应？

在任何生态系统中，生存都是一场持续不断的斗争。适应 (adaptation) 是指生物体为了在其环境中生存而改变了一些特性。随着时间的推移，可以成功适应环境的生物体的存活概率会比其他生物体高得多。它们的后代还可以继承这些特性。适应性可以是结构性的，也可以是行为性的。

结构性适应

结构性适应是指生物体内部或外部结构的变化。毛皮的颜色、肢体的长度、下颚的强壮程度和奔跑速度等都属于结构性适应。一些结构性适应有助于生物体在特定的环境中生存。例如，鸭子的脚上有蹼，这有助于鸭子在水中生存；仙人掌有厚厚的蜡质表皮，这有助于减少在干燥环境中的水分流失。

其他结构性适应有的可以保护被捕食者免受捕食者的伤害，有的则利于捕食者捕猎。海龟有坚硬的壳，这可以保护它们免受捕食者的伤害；反之，作为捕食者的鲨鱼有灵敏的嗅觉和锋利的牙齿，这两种特征都有助于鲨鱼捕食猎物。

结构性适应 当河豚受到威胁时，会快速地吸入水或空气，使身体膨胀成多刺的圆球。刺和巨大的体积可以保护它们免受捕食者的伤害。

结构性适应 像玫瑰和仙人掌这类植物的茎上有刺或长有叶刺。这些变形的刺能保护植物免受草食动物的啃食。

行为性适应

生物体行为的改变是一种**行为性适应**。例如，狼成群结队地行动就是一种行为性适应，相比单独行动，狼群的集体行动更容易捕捉大型猎物。许多被捕食者也选择成群结队地行动，成群游动能够让鱼类保护自己免受捕食者的攻击。共生关系也是一种行为性适应。

有些行为性适应还能帮助动物在气候的季节性变化中存活下来。许多动物，如鸟类和鱼类，都会迁徙。**迁徙**是动物为寻找食物、在更好的条件下繁殖或找到相对不那么恶劣的气候环境而采取的行动。有些动物，如蝙蝠、蛇、海龟和青蛙，则会采用冬眠的形式来躲避寒冷。**冬眠**是指寒冷天气条件下某些动物处于非活动状态。在春季气温回升之前，这些动物会一直处于这种状态。

快速检测

问题和解决方案 海獭怎么吃带壳的动物？

批判性思维 人类有哪些结构性适应和行为性适应？

行为性适应 海獭会吃有壳的动物，如螃蟹和蛤蜊。它们会用石头敲开壳。图中的这只海獭把一块石头抵在肚子上，然后把螃蟹或蛤蜊砸到石头上敲碎。

行为性适应 大象有复杂的社会行为。成年大象会组成象群一起行动，这有助于保护幼象免受捕食者和其他危险的伤害。小象经常会抓住妈妈的尾巴以免掉队。

植物有哪些适应?

被子植物具有能吸引特定授粉者的芬芳花朵。它们还有能捕获阳光的叶子和吸收水分的根。这些适应有助于植物生存。

有些植物对不同环境有特定的结构性适应。生长在雨林中的兰花就具有可以帮助它们在湿热条件下存活的适应：兰花的茎上有一种名为**假鳞茎**的储藏器官，可以为植株储水；兰花的气根可以将植株紧紧附在树上，还能吸收潮湿空气中的水分；和许多雨林植物一样，兰花的叶子适应了雨林中经年潮湿的自然条件，能通过长长的叶尖排出植物体内多余的水分。

读图

假鳞茎属于兰花的哪一部分?

线索　假鳞茎生长在兰花的什么部位?

生活在炎热干燥环境中的植物，如仙人掌，有厚厚的蜡质茎，可以防止植物体中的水分流失。它们的根系非常密且扎得很浅，能迅速吸收雨水。生活在森林里的一些植物，如橡树，冬季叶子会落光，这可以减少水分的流失。生活在寒冷气候下的植物，如苔藓，能够在短短的生长季节完成其生命周期。有些水生植物，如睡莲，气孔长在莲叶的上表面而不是下表面，这样它们就可以通过气孔来吸收二氧化碳并释放氧气。

许多植物都有抵御草食动物的适应。例如，有些植物产生的化学物质会使它们吃起来味道很糟糕。大多数草食动物就会因为这种味道而停止啃食这种植物。还有一些植物，如乳草，会分泌对大多数动物有毒的化学物质。这两种适应都能保护植物免受捕食者的侵害。

快速检测

问题和解决方案 水生植物如何吸收二氧化碳和释放氧气？

批判性思维 为什么适应总是与环境相“适合”？例如，为什么仙人掌没有能滴水的叶尖？

迷你实验

树叶适应性

1. 仔细观察橡树叶、松针和水蕴草的叶子，并将它们画下来。
2. **测量** 使用直尺测量每种叶子的大小并记录数据。
3. 将每种叶子撕开。这些叶子有何异同？
4. **推理** 这些叶子分别适应哪种环境？解释原因。

水生环境的适应 这些莲叶的上表面有气孔。

动物有哪些适应？

和植物一样，动物也通过适应来帮助自己在特定的环境中生存。生活在寒冷气候中的动物用厚实的皮毛和脂肪来保暖。沙漠动物很多都是**夜行性动物**，或者说喜欢在夜间活动。白天，它们会躲在洞穴里避暑，到夜间天气凉爽时才出来寻找食物。

生活在水中的动物也有适应。水生动物在体型上通常比陆地动物呈现更明显的流线型。这种特性有助于它们在水中快速游动。水生哺乳动物可以长时间地屏住呼吸，其他水生动物则用鳃在水下呼吸。

许多动物因为捕食者与被捕食者之间的关系而发展出适应。被捕食者的适应使它们能够躲避捕食者，而捕食者的适应则能帮助它们捕猎。

像羚羊这样的被捕食者能够以 80 千米 / 时的速度快速奔跑。有些动物会利用化学物质来躲避肉食动物的追捕。当臭鼬受到威胁时，它们会释放一种气味很难闻的液体。这些适应都有助于被捕食者的逃离。

捕食者也有帮助自己捕食的适应。例如，猫头鹰的多种特性使它们成为成功的夜间猎者。

耳朵 猫头鹰的听力非常出色，这有助于它们狩猎。猫头鹰的一只耳朵比另一只耳朵高，这种特性有助于它们分辨声音来自哪里、距离有多远。

眼睛 猫头鹰有一双大眼睛，能帮助它们看清黑暗中的老鼠等小型猎物。它们的眼睛位于头部正前方，视区重叠，能更好地分辨距离。

翅膀 猫头鹰的翅膀宽大，肌肉发达。这有助于它们迅速捕捉猎物。猫头鹰羽翼上特殊的构造降低了飞行时气流经过翅膀的声音，使它们能够悄无声息地飞行。

脚 猫头鹰的脚也为捕猎而产生了适应。猫头鹰的脚上有大大的爪子，能够更精准地抓住猎物。这种适应还有助于它们捕捉较大的猎物。

伪装

有些生物体通过与环境融为一体来增加它们在环境中的生存概率。任何使得生物体能够与其环境融为一体的颜色、形状或图案都称为**伪装(camouflage)**。有伪装的捕食者可以偷偷接近猎物。伪装也可以帮助被捕食者躲避天敌。

保护色(protective coloration)是一种生物体的颜色与环境融为一体的伪装。冬天，北极狐白色的皮毛能够和雪地融为一体。夏天，北极狐的皮毛颜色会发生变化，这是为了与温暖天气下生长的植物融为一体。同样，老虎身上的条纹能让它更好地隐藏在草丛中，而不被猎物发现。

有些生物体的伪装超越了保护色。生物体为了与环境融为一体而产生的颜色、形状和纹理的变化称为**保护性相似(protective resemblance)**。例如，竹节虫为了与环境融为一体，会把自己变成棍子或小树枝的形状。

这条海龙看起来和周围环境中的海草很相似。

快速检测

问题和解决方案 怎么判断一只兔子是来自寒冷的气候环境还是来自温暖的气候环境？

批判性思维 许多开花植物都有颜色鲜艳的花，非常引人注目。为什么这些植物不用伪装呢？

保护色使得北极野兔能够与周围白茫茫的环境融为一体。

什么是拟态?

有些动物通过模仿其他具有特殊适应的生物来适应自己所处的环境。有些动物会通过模仿一种让捕食者讨厌的动物来保护自身免受捕食者的侵害。这种适应称作**拟态 (mimicry)**。例如，总督蝶因外形酷似味道不好且有毒的君主蝶而得以免受捕食者的侵害。

拟态使得某些生物看起来很像一种危险的或是不受欢迎的生物，从而使捕食者主动远离。例如，盗虻看上去酷似危险的大黄蜂，王蛇可以模拟出有毒的珊瑚蛇的颜色。

拟态同样出现在捕食者的身上。它们并非借此警告猎物，而是通过拟态来欺骗猎物。例如，一些鳄龟张开嘴巴时自带“诱饵”。这个诱饵看起来像蠕虫。当鱼靠近诱饵想吃“蠕虫”时，鳄龟就会把鱼一口吃掉。

快速检测

问题和解决方案 鳄龟怎么解决捉鱼的问题?

批判性思维 拟态怎样增加生物体的生存概率?

蛇的拟态

珊瑚蛇

王蛇

读图

怎样分辨珊瑚蛇和王蛇?

线索 仔细观察两条蛇皮肤上的花纹。

课后回顾

摘要

	适应是帮助生物体在其环境中生存的特性。
	植物的适应包括叶、花、茎和根的变化，这些变化帮助它们在不同的环境中生存。
	动物的适应包括伪装和拟态。

制作 折叠式学习卡

如图所示，制作一个折叠式学习卡，并根据图中标题总结你本课所学的相关知识。

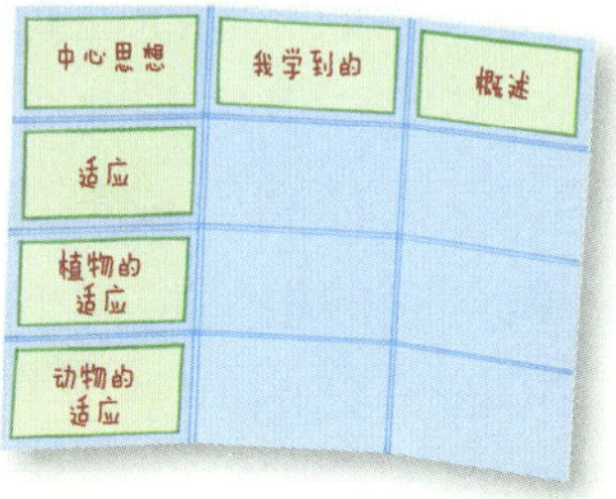

想一想，说一说，写一写

1. **词汇** 一种生物模拟另一种不受欢迎的生物，这一行为称为________。

2. **问题和解决方案** 水生动物如何在水中生存？

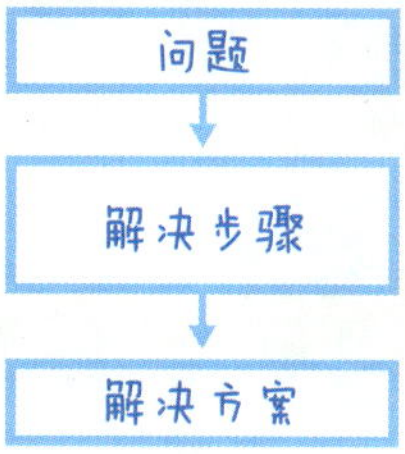

3. **批判性思维** 存在同时具有行为性和结构性的适应吗？请举例说明。

4. **测试** 哪些适应是因为严寒而形成的？
   A 厚厚的皮毛，大耳朵
   B 厚厚的皮毛和脂肪
   C 厚厚的脂肪，刺
   D 光滑的形状，刺

5. **测试** 下列哪个选项是行为性适应？
   A 有鳞片的皮肤　　B 尖牙
   C 冬眠　　D 伪装

6. **基本问题** 适应对生物在其所处环境中生存有何帮助？

写作链接

虚构叙事写作

为什么长颈鹿有长长的脖子？长长的脖子对长颈鹿在环境中生存起到什么帮助？写一个长颈鹿是怎样形成这种适应的故事。

艺术连接

适应

画一幅动物运用伪装、保护色、保护性相似或拟态等适应的画。

带你认识卡洛琳·查布

加勒比热带森林中的植物面临诸多挑战。它们要忍受瓢泼大雨、干旱和风速高达160千米/时的飓风。然而，像沙巴棕榈这样的植物已经适应了这些挑战。

这种高大威严的棕榈能抵御强风。它的根系将树牢牢固定在原地，长而柔韧的叶子也有助于它在大风中存活。

这种树可以抵挡飓风，却害怕一种小小的食草甲虫。卡洛琳·查布是美国自然历史博物馆的一名科学家。她主要研究植物和昆虫之间的关系，对多米尼加共和国发现的小龟甲虫有深入的研究。

雌性龟甲虫将它们的卵产在植物的组织中。

这些疤痕都是龟甲虫留下的。

这种甲虫和它的幼虫以沙巴棕榈的叶子为食。它们用下颌或下巴刮棕榈叶，在叶子上留下长长的疤痕，这些疤痕会导致植物干涸和死亡。因为棕榈树的叶子很少，所以即使失去少量的叶子，也可能危害整棵树的生长。

虽然龟甲虫削弱了棕榈树的生命，但树本身并没有死亡。科学家发现，许多植物能产生抵御昆虫的蛋白质。卡洛琳正在研究沙巴棕榈，看看它是否也能产生一种针对龟甲虫的天然杀虫剂。

通过研究龟甲虫和沙巴棕榈，卡洛琳希望对动植物如何适应它们的栖息地有更深入的了解。

推理

- 回顾文本，对未明确说明的信息做出推论。
- 列出支持你所做推论的具体信息。

写作

推理

1. 如果沙巴棕榈产生了天然杀虫剂，对其他生物会有什么帮助？
2. 查找资料，继续研究龟甲虫，它们还吃哪些植物？

AMERICAN MUSEUM OF NATURAL HISTORY

第1章 复习和测试

摘要

第 1 课 食物链、食物网和能量金字塔反映了生态系统中生物之间的能量流动。

第 2 课 非生物因素及生物因素之间的相互作用控制了群落中种群的规模。

第 3 课 生物具有能帮助自身在所处环境中生存的适应能力。

制作 折叠式学习卡

如图所示，把每一课的折叠式学习卡整合到一起，并用它总结你本章所学的相关知识。

词汇

DOK 1

选择合适的词填空。

适应	生态位
伪装	寄生
群落	捕食者
生态系统	被捕食者
食物链	共生

1. 环境中所有的生物和非生物构成了一个________。
2. 一种生物受益而另一种生物受害的关系是________。
3. 生物在群落或生态系统中扮演的角色称为生物的________。
4. 被其他动物吃掉的动物称为____________。
5. 生物体为了在其环境中生存而改变了一些特征，这叫作________。
6. 有些生物通过________与周围环境融为一体。
7. 能量和营养物质在生态系统中的传递路径叫________。
8. 互利共生和偏利共生是不同类型的________。
9. 捕猎其他生物以获取食物的生物称为________。
10. 生态系统中所有的生物构成了一个________。

科学技能和科学概念

DOK 2～3

请回答下列问题。

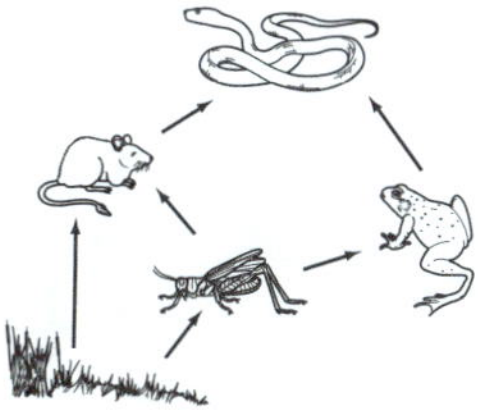

11. 根据图中所示的食物网，哪种生物是草食动物？

    A 蝗虫　B 草　C 老鼠　D 青蛙

12. 生活在牛胃里的细菌，帮助消化牛吃下的植物。这是一个什么的例子？

    A 拟态　　B 互利共生

    C 寄生　　D 偏利共生

13. 分解者对食物网的意义体现在哪里？

    A 它们是肉食动物的猎物。

    B 它们能分解植物和动物的残骸。

    C 它们是生产者的食物。

    D 它们能产生氧气。

14. **判断对错**　*从食物链中移除某一种生物体不会影响其他生物体*。这个说法是对的还是错的？解释原因。

15. **问题和解决方案**　生活在沙漠中的生物，有哪些结构性适应和行为性适应？

16. **预测**　若将棕色皮毛的兔子移居到雪域环境中，你认为兔子会发生什么变化？

17. **批判性思维**　如果位于食物链底部的某种生物灭绝了，会发生什么情况？

18. **推理**　右上图中这个池塘中的非生物因素是怎么成为该环境中的限制因素的？

19. **虚构叙事**　写一个以未来为背景的简短故事。假设人们带着宠物移居到了一个新的星球上。为这个星球创设一个生态系统，人类和动物会在新的生态系统中发展出哪些适应？

大概念

20. 生物间怎样相互作用？

表现性评价

DOK 4

持续运转的生态系统！

编排一个关于生态系统中的动物是如何相互作用的小品。

活动步骤

1. 小组合作，选择某个生态系统作为小品的背景。
2. 从你选定的生态系统中挑选几种相互作用的动物。它们可能是捕食者与被捕食者的关系、竞争关系或共生关系。
3. 编排小品。

测 试

1 **在这个生态系统中，哪一个是非生物因素？**
DOK 1

A 鸟　　B 仙人掌
C 土壤　　D 蛇

2 **一个种群包括什么？**
DOK 1

A 同一物种的所有成员。
B 非生物因素和生物因素。
C 生态系统中所有的生物。
D 生态系统中所有的非生物。

3 **这个能量金字塔中，哪种生物的数量最多？**
DOK 1

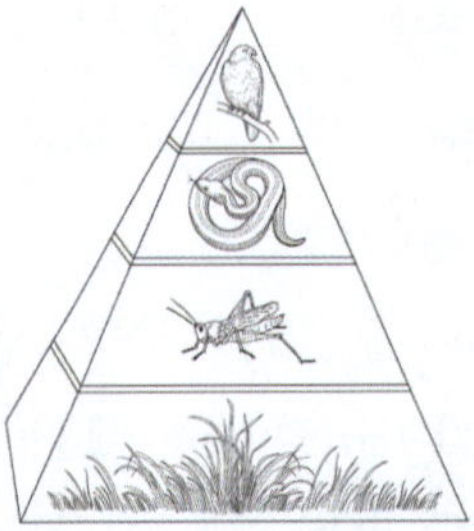

A 草　　B 蝗虫
C 蛇　　D 鹰

4 **图中哪种生物是生产者？**
DOK 1

A 鸟　　B 鹿　　C 松鼠　　D 树

5 **下列哪项对寄生关系的描述最恰当？**
DOK 1

A 这两种生物都没有受益。
B 两种生物都受益。
C 一种生物受益，而另一种生物不受伤害。
D 一种生物在伤害另一种生物的同时，自己却受益。

6 **移除这个食物网中的植物会有什么影响？**
DOK 2

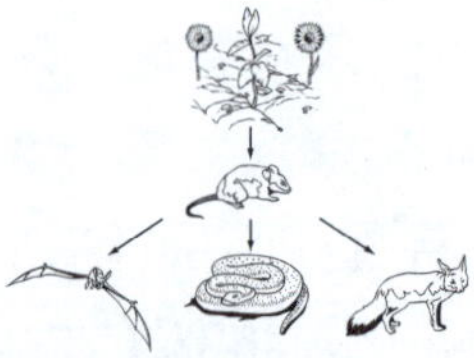

A 仅影响老鼠的数量。
B 影响老鼠和蝙蝠的数量。
C 影响蝙蝠、蛇和狼的数量。
D 老鼠、蝙蝠、蛇和狼的数量都受影响。

7 **哪种脚的形状最适合游泳?**
DOK 2

A  B 

C  D 

8 **分解者和消费者有什么相似之处?**
DOK 2

A 它们都能进行光合作用。
B 它们都不能自己制造食物。
C 它们都不是食物链的一部分。
D 它们都是生产者。

9 **有一层厚厚脂肪的动物最适合在哪种环境下生存?**
DOK 1

A 炎热的环境　　B 干燥的环境
C 多雨的环境　　D 寒冷的环境

10 **这种昆虫的适应属于哪种?**
DOK 1

A 拟态　　B 保护性相似
C 共生　　D 互利共生

11 **海豚等生物拥有流线型的身体，这对它们有什么帮助?**
DOK 1

A 帮助它们在水下呼吸。
B 帮助它们保持恒定的体温。
C 帮助它们在水中快速游动。
D 能与其他海豚交流。

12 **各举一个结构性适应和行为性适应的例子。解释这些适应对生物体的生存有什么帮助。**
DOK 2

13 **解释为什么占据同一栖息地的生物却能避免彼此竞争。**
DOK 2

14 **下面两种动物在获取能量的方式上有什么区别?解释这两种动物对环境各有什么帮助。**
DOK 2

检　查

问题	对应页码	问题	对应页码
1	24	8	26 ～ 27
2	25	9	50
3	31	10	55
4	26	11	50
5	44	12	50 ～ 51
6	29，32	13	40 ～ 41
7	50	14	27

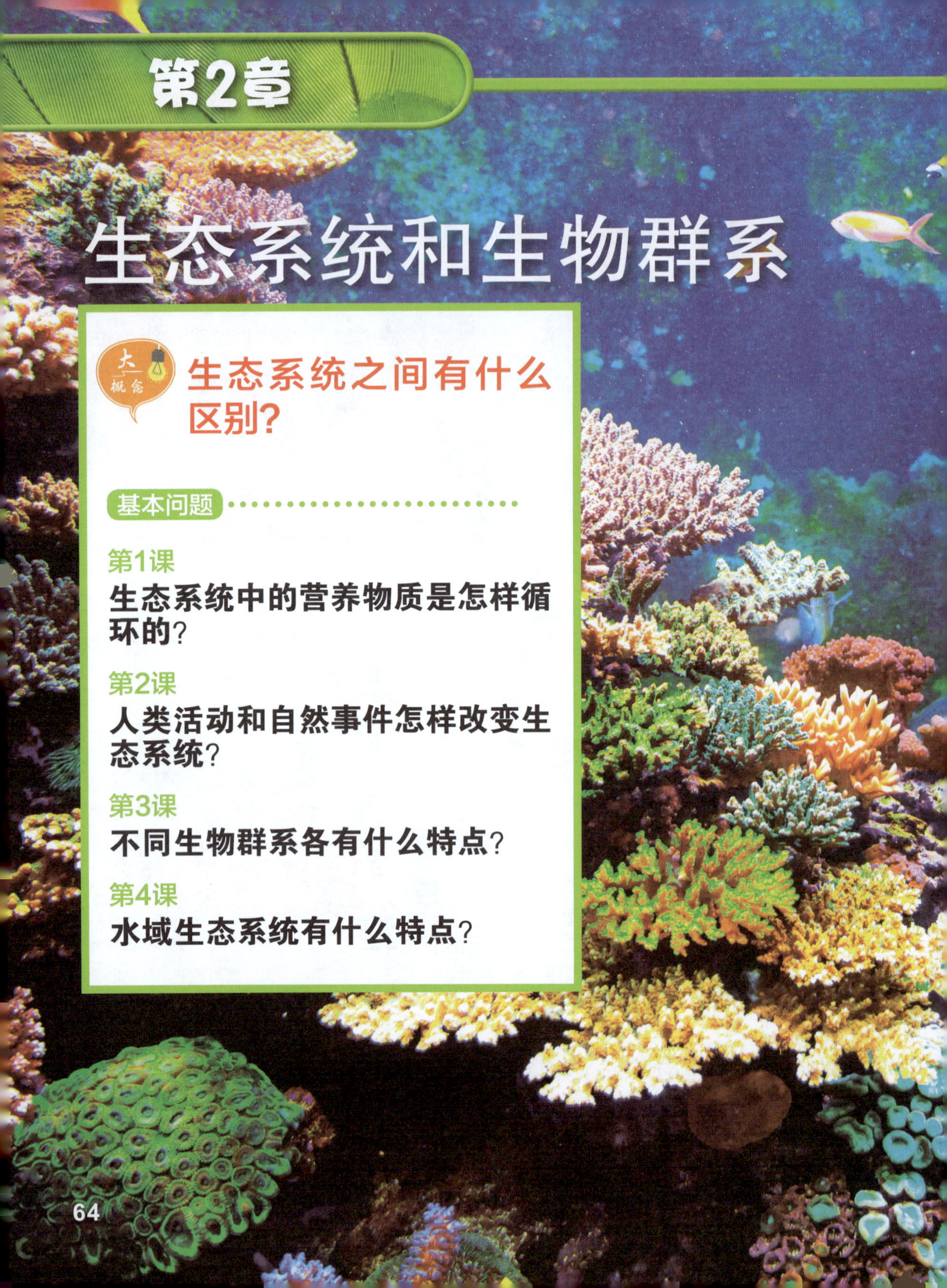

第2章

生态系统和生物群系

大概念

生态系统之间有什么区别？

基本问题

第1课
生态系统中的营养物质是怎样循环的？

第2课
人类活动和自然事件怎样改变生态系统？

第3课
不同生物群系各有什么特点？

第4课
水域生态系统有什么特点？

核心词汇

演替　一个生态系统向一个新的、不同的生态系统转变的过程。

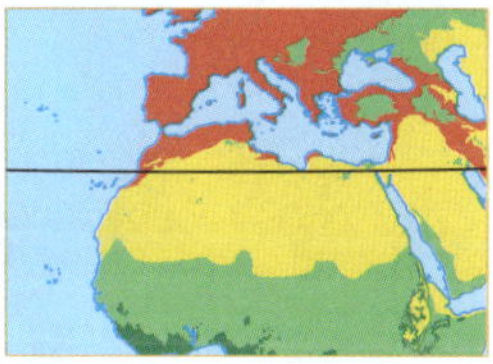

生物群系　一片气候类型、土壤类型、植被类型和动物类型都有自身显著特点的区域。

冻原　位于极地地区，地面常年冻结、大片荒芜的生物群系。

泰加林　位于北半球高纬度地区，由针叶林组成的寒冷森林生物群系。

潮间带　海洋生态系统中最浅的部分，那里的生物伴随涨潮、退潮而被淹没或露出水面。

河口　河流注入海洋的地方。

第1课

生态系统中的循环

看一看，想一想

尽管没有下雨，但一夜之间，这朵花上就出现了许多小水滴。这些小水滴是从哪里来的呢？

探究活动

水滴是怎样形成的？

做出假设

当水从气态变成液态时，就会出现水滴。温度会影响物体上水滴的形成吗？以“如果玻璃杯的温度降低，那么……”的形式写下你的假设。

验证假设

1. 往一个杯子里加冰块。在另一个杯子里倒入冷水并加入几滴食用色素后搅拌。再把这个杯子里的水倒进先前装满冰块的杯子里。
2. 在空杯里倒一杯常温的水，加入几滴食用色素到水中，搅拌均匀。确保每个杯子里的食用色素和水数量相同。
3. **实验** 在每个碟子上撒些盐，把装着冰水和常温水的杯子分别放在一个碟子上，静置 30 分钟。
4. **观察** 你能在杯壁上发现什么？

得出结论

5. 水滴的颜色表明水滴来自哪里？
6. **处理变量** 本实验中的自变量和因变量分别是什么？控制的是哪些变量？
7. **推理** 水滴为什么会出现在那里？

进一步探究

出现水滴的杯子所在碟子上的盐发生了什么情况？设计并完成一个实验来说明盐去了哪里。

材 料

- 两个玻璃杯
- 冰块
- 食用色素
- 勺子
- 盐
- 两个碟子

步骤 1

步骤 3

读一读，学一学

基本问题

生态系统中的营养物质是怎样循环的？

词汇

水循环
蒸发
凝结
降水
流域
径流
地下水
碳循环
氮循环
堆肥

阅读技能

总结

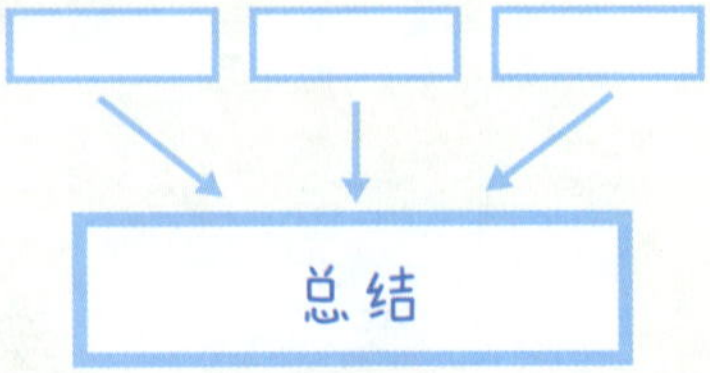

什么是水循环？

环境中的水每天都在变化。今天下雨了，明天可能就是晴空万里。那这些水都去哪儿了？地球上所有的水都会不断被回收或再利用。水在地球表面和空气之间以液态、固态和气态的形式不停地运动，这就是**水循环（water cycle）**。

水循环是由太阳能驱动的。海洋、湖泊、池塘和溪流中的水吸收太阳的热量。热量使得水分蒸发加快。**蒸发（evaporation）**是物质从液态转化为气态的过程。水蒸气上升到高空后会冷却。当它冷却时，就会凝结成小水滴。**凝结（condensation）**是指物质从气态转化为液态的过程。小水滴与空气中的尘埃颗粒聚集并形成云。随着时间的推移，云中凝结的水滴越来越多，最后会因为太重而以降水的形式从云层中落下。**降水（precipitation）**是指从大气降落到地面的不同形式的水，如雨、雨夹雪、雪或冰雹等。

降水落回地面后，水循环仍在继续。以降水的形式落到地面的水在陆地上汇集并向下游流动。**流域（watershed）**是水流汇集的区域。没有渗到地下的降水会在地表以**径流（runoff）**的形式汇入河流、湖泊或溪流。大部分降水会从河流最终汇入海洋，但还有些降水会渗透到地下，成为**地下水（groundwater）**。地下水储存在土壤和岩石的孔隙中。

植物和动物也在水循环中发挥作用。植物的根系吸收地下水。植物体内的水分通过蒸腾作用进入大气。动物也会摄入水，并通过呼吸作用将一些水汽排到大气中。

水循环

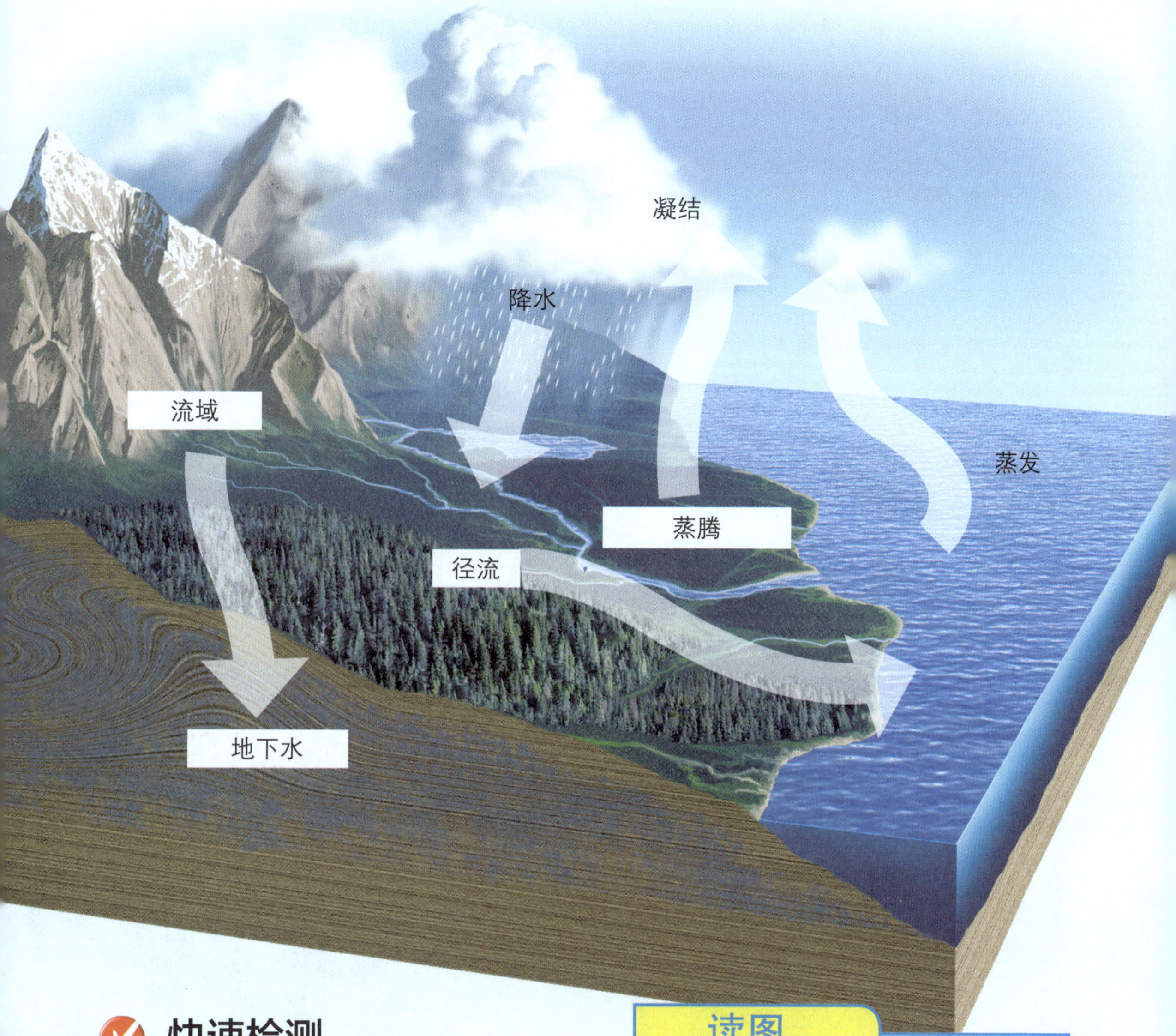

快速检测

总结 水循环有哪些过程？

批判性思维 你觉得热水和冷水哪种水的蒸发率更高？为什么？

读图

在水循环的哪些过程中，水是气态的？

线索 如果水不是液态或固态，那它一定就是看不见的气态。

什么是碳循环？

碳是生物体内的一种重要元素。碳有多重要？人的身体中，大约有 18% 是碳。大气中的碳主要以二氧化碳（CO_2）的形式大量存在。碳也存在于岩石中，石灰石中也含有碳。然而，人体并不能直接利用这些形式的碳。

人和其他生物怎样获得自身所需的碳呢？生物之间的碳交换就是**碳循环（carbon cycle）**。植物和其他进行光合作用的生物吸收空气中的二氧化碳，将其与水结合，制造碳水化合物和其他化学物质，如脂肪和蛋白质等。这些富含碳的化学物质又被草食动物或杂食动物直接食用，被肉食动物间接食用。

碳循环

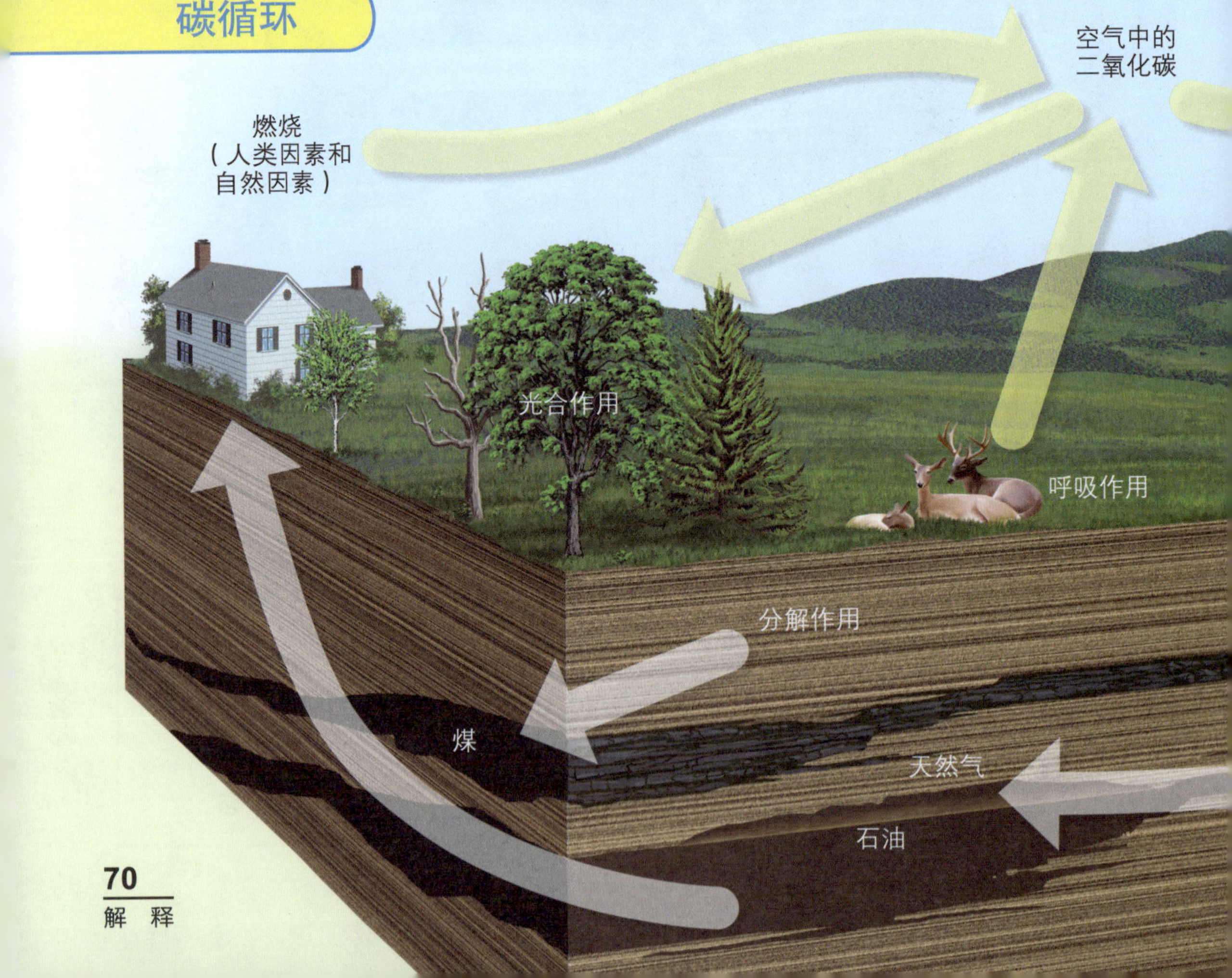

动物和植物在细胞呼吸过程中会将富含碳的食物氧化分解，获得能量。细胞呼吸产生的最终产物二氧化碳会排入大气。有时，碳可能很长时间都不参与循环。例如，树木中含有大量的碳，只要它还活着，这些碳就会一直储存在树中。储存在植物和其他生物体中的碳要等到植物被吃掉或被分解后才能得到再利用。

细菌和昆虫等分解者会分解死亡或腐烂的动植物残体。这一分解过程会向大气中释放二氧化碳。其他腐烂的动植物残体会深埋地下。经过漫长的岁月，在上覆岩层的压力作用下，这些动植物残体可能会变成化石燃料，如石油、天然气和煤等。当人们燃烧这些物质时，这些物质中的碳就会以二氧化碳的形式再次回到大气中。

快速检测

总结 写一个碳循环的简要总结。

批判性思维 如果把动物从碳循环中移除，循环会停止吗？解释原因。

读图

碳离开大气被固定在哪里的时间最长？

线索 根据碳循环的途径，思考碳在哪里停留的时间最长。

什么是氮循环?

氮是构成所有生物体的另一种关键元素。人体内的肌肉、皮肤、神经、骨骼、血液和酶等蛋白质中都含有氮。氮也是所有细胞中遗传物质的组成部分。

细胞从哪里获得氮?空气中氮气占78%,但很少有生物能直接利用氮气。氮必须先转化,或被固定成一种生物可以利用的形式。氮气不断被固定到土壤中的化合物内,然后再被生物利用后返回空气中的过程称为**氮循环(nitrogen cycle)**。

氮循环

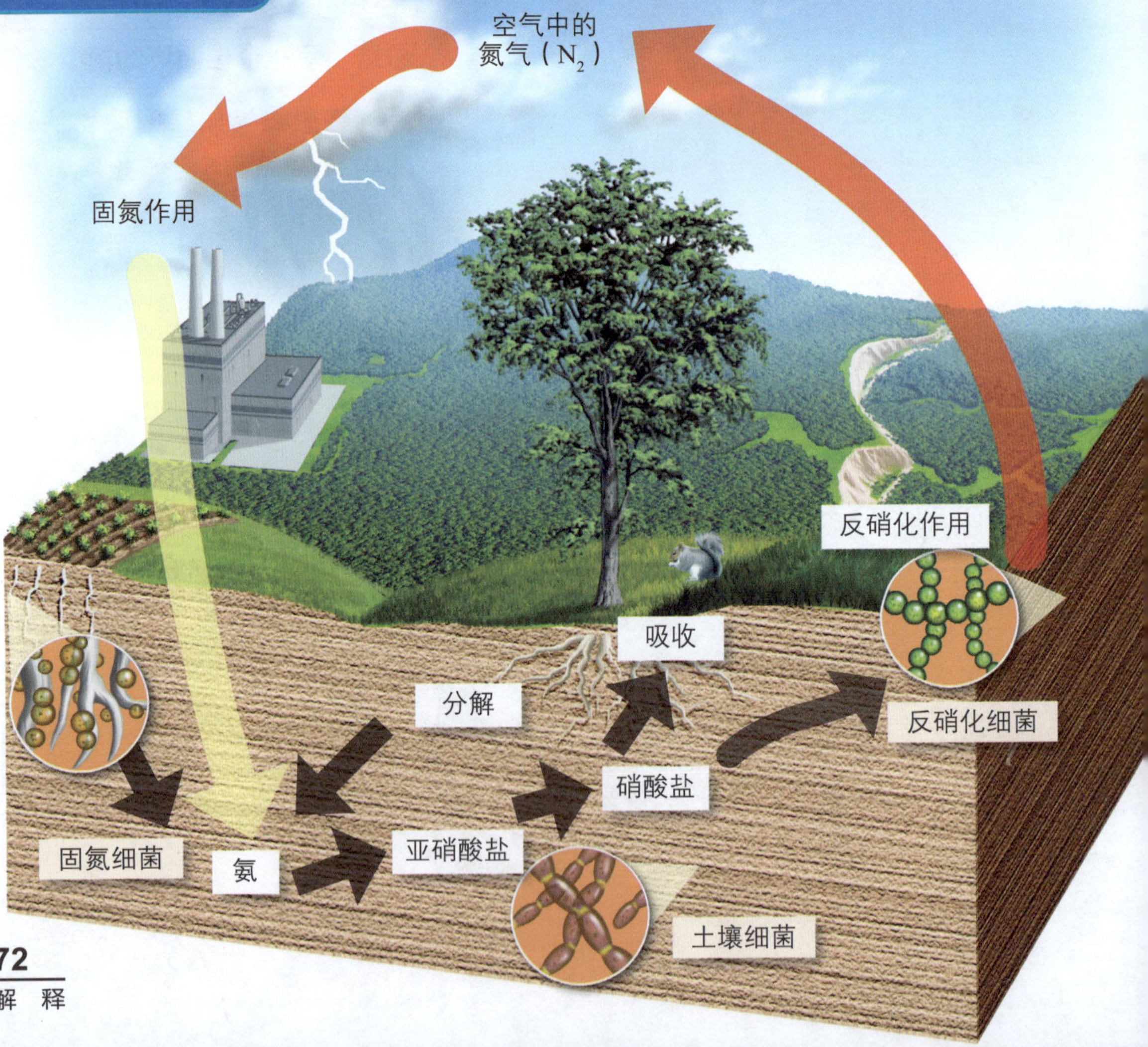

火山活动和闪电可以固氮，某些细菌也可以固氮。不同类型的细菌在氮循环中起着不同的作用。**固氮细菌**生活在豆科植物，如蚕豆、豌豆和花生的根瘤上。这些细菌能将氮气转化为氨，**氨**是一种含氮物质。

氨随后被转化为另一种可供植物直接利用的含氮物质，这个过程由生活在土壤中的两种细菌完成。第一种土壤细菌将氨转化为一种名为**亚硝酸盐**的含氮物质。第二种土壤细菌将亚硝酸盐转化为**硝酸盐**，这是一种能被植物利用的含氮物质。

植物在生长过程中，会从土壤中吸收硝酸盐。它们用硝酸盐中的氮来制造蛋白质。动物通过食用植物或其他草食动物来摄入氮，合成身体所需的化合物，最后排泄出含氮的废弃物。动物的排泄物及腐烂残体中的氮会回到土壤中。细菌则会将这些含氮物质还原成氨和其他产物。

那么，氮怎样以气体的形式返回大气中呢？土壤中的**反硝化细菌**会将一些硝酸盐还原成氮气，排入大气，开始新一轮氮循环。这个过程称为**反硝化作用**。

快速检测

总结 总结氮循环过程。

批判性思维 人类为什么需要土壤细菌？

迷你实验

观察豆科植物的根

1. 找一株豆科植物，并小心地将植物根部的土壤清理干净。

2. **观察** 用放大镜或显微镜观察根部。你观察到了什么？
3. 再用放大镜观察一株胡萝卜的根部，将其与豆科植物的根部做比较。
4. 豆科植物的根部与胡萝卜的根部有什么相似之处？有什么不同之处？
5. **推断** 为什么根瘤对氮循环有重要作用？

其他物质怎样循环?

正如大自然循环利用水、碳和氮一样，我们也要保护和循环利用自然资源。有些自然资源是**可再生资源**，比如我们可以重复种植用于生产木材和纸张的树木。有些自然资源，如石油和金属则属于**不可再生资源**。这些资源一旦被使用，就无法再继续更新。我们可以通过回收利用来保护一些自然资源，比如，可以用回收的旧材料来制造新的物体或材料。

重复种植有时会消耗土壤中的氮。农民会通过种植豆科作物，施加含氮肥料，或进行堆肥等方式来增加土壤中的氮含量。

堆肥(compost)是将各种死去的有机物混合，做成肥料。堆肥是一种循环利用氮的有效途径，还能减少人类产生的垃圾量。

堆肥怎样增加土壤肥力呢？分解者分解了堆肥中腐烂的动植物残体。分解作用的产物之一就是含氮物质——氨。土壤细菌再将氨转化为亚硝酸盐和硝酸盐。堆肥能补充植物在生长过程中消耗的土壤中的氮。

快速检测

总结 总结堆肥是怎样增加土壤肥力的。

批判性思维 堆肥很有用，但它气味难闻。这是为什么呢？

图中的这些分解者能分解堆肥中的腐烂物质。

课后回顾

摘要

	水循环是指水通过蒸发、凝结和降水过程进行的不同状态的转化。
	生态系统中的碳循环通过呼吸作用、光合作用和分解作用实现。
	氮循环是指氮从大气转移到生物体中，又从生物体回到大气中的过程。堆肥是一种循环利用氮的方法。

制作 折叠式学习卡

如图所示，制作一个折叠式学习卡，并根据图中标题总结你本课所学的相关知识。

想一想，说一说，写一写

1 **词汇** 物质从气态变成液态的过程叫作________。

2 **总结** 总结细菌在氮循环中的重要作用。

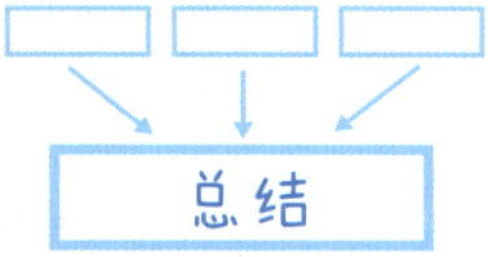

3 **批判性思维** 某农民的庄稼不如往年生长得好，他应该怎么办呢？

4 **测试** 哪些过程会释放二氧化碳？

A 光合作用，呼吸作用

B 光合作用，燃烧石油

C 呼吸作用，分解作用

D 光合作用，分解作用

5 **测试** 动物的哪些行为会向生态系统中排放氮？

A 动物吃植物

B 动物排泄

C 动物的呼吸作用

D 动物体内分解糖类

6 **基本问题** 生态系统中的营养物质是怎样循环的？

写作链接

“三姐妹”

查找资料，研究美国农民广泛种植的植物“三姐妹”——玉米、豆类和南瓜。写一份报告，说明为什么这种种植方法可以自然地增加土壤肥力。

艺术连接

制作海报

选择本课描述的一种循环为主题，制作一张海报。运用你的想象力来解释该循环的过程。

科学探究

材料

喷壶

4 盆植物

水

4 个塑料袋

绳子

天平

台灯

结构化探究

水是怎样进出植物体的？

做出假设

植物需要水才能生存。如果植物失水太多，它就会枯萎，甚至死亡。植物通过蒸腾作用散失水分，即植物体中的水分通过叶片进入大气。当水分蒸发时，植物通过木质部将根部吸收的水分输送上来。植物获得的光照量对蒸腾速率有什么影响？以“如果植物获得更多的光照，那么……”的形式写下你的假设。

步骤 1

验证假设

1. 用喷壶给 4 盆植物浇水。务必保证给每一株植物浇等量的水。

步骤 2

2. 将 4 盆植物分别放在塑料袋里，并用绳子将袋子牢牢地绑在每棵植物的茎部，露出植物的叶子。
3. **测量** 用天平测量 4 盆植物各自的质量并记录好数据。

步骤 3

4. **处理变量** 将其中两盆植物放置在打开的台灯下，另外两盆植物放置在远离台灯的地方。
5. 1 小时后再次测量 4 盆植物各自的质量，记录好数据并与之前的数据进行比较。
6. 将植物放回原来的位置。
7. 24 小时及 48 小时后重复步骤 5 和 6，记录数据和观察结果。

得出结论

8 这个探究中的自变量和因变量分别是什么？控制的变量是哪些？

9 **解释数据** 所有植物的质量都发生变化了吗？你的数据能反映蒸腾速率与光照量之间的关系吗？

10 实验结果支持你的假设吗？为什么？

指导性探究

环境变化对植物的水分流失有什么影响？

做出假设

我们已经研究过光照对植物的蒸腾速率的影响，那么还有哪些变量也会影响植物的蒸腾速率呢？风会不会呢？以“如果风力增加，那么植物的蒸腾速率会……”的形式写下你的假设。

验证假设

设计一个实验来验证你的假设。写出所需的材料、资料和步骤。完成实验时，要记录下实验结果和观察到的现象。

得出结论

实验结果支持你的假设吗？为什么？把你的结果展示给同学们。

开放式探究

还有哪些环境因素会影响植物的蒸腾速率？设想一个问题，然后进行探究。例如，湿度对植物的蒸腾速率有什么影响？设计一个实验来回答问题。记住，你设计的实验只能测试一种变量。

谨记 要遵从科学探究的步骤。

提出问题
↓
做出假设
↓
验证假设
↓
得出结论

第2课

生态系统的变化

看一看，想一想

这些石头建筑曾经是一座宏伟的寺庙。如今，石头里长出了树和其他植物。在这个生态系统中，什么发生了改变？

探究活动

当生态系统发生变化时，会出现什么现象？

材 料

· 直尺

做出预测

树木每一年都会长粗，新生成的一层木质部会形成一道年轮。科学家经常根据树木的年轮来研究生态系统的变化。图中这棵树所处的生态系统是怎样变化的？做出你的预测。

验证预测

步骤 1

1. 数出图中的年轮数。这棵树几岁了？
2. **测量** 使用直尺测量每个年轮之间的宽度并将测量的数值记录下来。
3. **解释数据** 根据图表中提供的信息来解释年轮数据。

步骤 3

年轮资料	
年轮类型	影响树的事件
宽年轮	良好的生长条件：温暖、降水充足
窄年轮	恶劣的生长条件：寒冷、干旱
深色疤痕	火灾
长、浅色疤痕	病虫害

得出结论

4. 哪几年的年轮最宽？哪几年最窄？
5. **预测** 这棵树在第 8 年最可能经历了什么？
6. **推理** 这棵树所在的生态系统经历了哪些变化？你是怎么知道的？

进一步探究

你所在的地区是否发生过火灾、干旱或洪水？查找报纸或其他资料进行调查。如果有，灾后环境中的哪些部分恢复得比其他部分好？为什么？

读一读，学一学

基本问题

人类活动和自然事件怎样改变生态系统?

词汇

灭绝物种

濒危物种

受胁物种

演替

初生演替

先锋物种

先锋群落

顶极群落

次生演替

阅读技能

因果关系

原因 → 结果
→
→
→
→

生态系统怎样变化?

大多数生态系统都在不断地发生变化。例如，森林里的一棵橡树死掉了，但很快又会长出一棵新树，只是新长出的可能不是一棵橡树，而是一棵山核桃树。有时候，生态系统本身的平衡也可能会发生变化，引起生态系统变化的原因可能是自然事件，也可能是人类活动。

自然事件，包括自然灾害和生物活动，都会引起生态系统的变化。地震、洪水、风暴、火山爆发、干旱和其他自然灾害会极大地改变生态系统。人类可以努力修复这些灾害造成的影响，但几乎没有办法预防此类事件的发生。

还有一类自然变化是由生物体引起的。例如，河狸建造水坝。它们用泥土、石头和树木建造了一个新的水塘。河狸建造的水坝会导致洪水，但也可以通过创造新的栖息地和食物供应而令其他生物受益。大型动物，如大象，践踏树木和幼苗时，会造成生态系统的变化。

▼火山爆发能迅速改变一个生态系统。

河狸建造的水坝

读图

河狸是怎样改变其所在的生态系统的？

线索 这只河狸做了什么？

水生生态系统同样会被生物体改变。前面已经学过，藻类有时可以利用水中所有的营养物质和氧气来迅速繁殖。其他水生生物，如珊瑚，也会通过形成珊瑚礁来改变其所在的生态系统。珊瑚礁为许多其他生物创造了新的栖息地。

人类通过改造环境来满足自身需求，从而也导致了生态系统的变化。这些变化往往会破坏或改变栖息地，还会影响生活在这些栖息地中的其他生物体。比如，建造房屋需要砍伐森林，喷洒农药在杀虫的同时也会损害无辜的生物体，污染会破坏水、土壤和空气的质量。

人类还会通过引入新物种或清除物种来改变生态系统。引进的动植物物种会威胁到本地物种。如果没有天敌，引进的物种可能会威胁，甚至杀死当地物种。例如，斑马贻贝曾被引入北美五大湖，而后它们开始迅速繁殖，结果导致当地贻贝物种的数量显著下降。这极大地改变了五大湖中的食物网。

快速检测

因果关系 人类怎样影响生态系统？

批判性思维 生态系统的自然变化会比人为导致的变化造成更大的损害吗？举一个例子。

真相 所有的生态系统都在持续地发生变化。

迷你实验

灭种游戏

野生大西洋鲟由于过度捕捞、污染等原因，正处于濒危状态。

1. 数出 20 枚硬币用来表示一个鲟鱼群。
2. **建立模型** 把一张美术纸贴在桌上，将其平分为 6 个部分。第 1 部分和第 3 部分表示死亡。第 2、4 和 6 部分表示有生命。第 5 部分表示出现一个新的后代。
3. 把全部 20 枚硬币扔到纸上。
4. 移除第 1 部分和第 3 部分中的所有硬币。对于落到第 5 部分中的硬币，按照 1∶1 的比例增加硬币。在数据表中记录新的鲟鱼数目。
5. 玩 20 轮游戏。每轮结束后，记录鲟鱼的数量。
6. **交流** 鲟鱼群最后灭绝了吗？如果是，从开始游戏到灭绝花了多少年？

当生态系统发生变化时，会发生什么？

有些生态系统的变化是永久性的。这些变化会影响生态系统内的生物，它们不得不应对这些变化。一些生物的应对措施是迁移到更适合生存的其他地方。回想一下我们前面已经学过的，生物面对变化所产生的适应。

当一个物种无法应对生态系统的变化时，会发生什么？该物种的个体成员开始死亡。当一个物种的最后一个成员死亡时，该物种就会成为一个**灭绝物种（extinct species）**。物种灭绝是指它不再存在于地球上。灭绝的生物包括所有恐龙、剑齿虎和渡渡鸟等。

每年会有成千上万个物种灭绝。污染、全球气候变暖、栖息地破坏和狩猎等都会对生物造成威胁。例如，塔斯马尼亚狼大约在 20 世纪 30 年代因人类活动而灭绝。塔斯马尼亚狼曾经生活在澳大利亚，农民们认为它们对牲畜造成了威胁，于是大量猎杀它们，最后导致其灭绝。

塔斯马尼亚狼约在 20 世纪 30 年代灭绝。

当一个物种有灭绝的危险时，就称它为**濒危物种（endangered species）**。今天的濒危物种包括某些猪笼草、玳瑁、卡纳蓝蝴蝶、鼯鼠等。有些濒危动物，例如右鲸，现在仅剩几百头存世。

存世数量较少、可能濒危的物种称为**受胁物种（threatened species）**。灰狼、海牛和其他许多生物都属于受胁物种。尽管面临的原因各不相同，每一种濒危和受威胁的生物都处于危险之中。污染、过度捕猎或过度采集、疾病，以及外来物种的竞争都可能导致物种灭绝。对大多数生物来说，生存面临的最大威胁是栖息地的丧失。

快速检测

因果关系 什么原因会导致生物体受威胁或濒危？

批判性思维 你能做些什么来帮助拯救濒危物种和受胁物种？

猪笼草

栖息地：在美国，主要分布在亚拉巴马州、佐治亚州、北卡罗来纳州的河流沿岸、松树林、沼泽
状况：濒危
主要威胁：人类过度采集，栖息地丧失

卡纳蓝蝴蝶

栖息地：在美国，主要分布在印第安纳州、威斯康星州、密歇根州、明尼苏达州、纽约州和新罕布什尔州的干旱、沙质地区和开阔林地
状况：濒危
主要威胁：人类过度采集，栖息地丧失

鼯鼠

栖息地：在美国，主要分布在弗吉尼亚和西弗吉尼亚的针叶林和硬木林
状况：濒危
主要威胁：栖息地丧失

玳瑁

栖息地：大西洋、太平洋、印度洋的珊瑚礁和浅海沿海地区；在美国，主要在夏威夷和佛罗里达州筑巢
状况：濒危
主要威胁：捕猎、栖息地丧失、水污染

什么是演替?

随着时间的推移，生态系统会逐渐发生改变。一个生态系统转变为一个新的、不同的生态系统的过程称为**演替（succession）**。在演替过程中，一个区域被某些物种改变，这些物种随时间的推移又被其他物种取代。**初生演替（primary succession）**开始于一个几乎没有生物的群落。

初生演替发生在贫瘠且没有生命的地区，这些地区几乎没有或根本没有土壤。起初，生态系统不过是一些裸露的岩石。不需要土壤的生物首先在这种环境中生存下来。比如，岩石上最早可以生长地衣和苔藓这类植物。

先锋物种（pioneer species）是指最早生活在没有生命地区的物种。它们往往是一些耐寒的生物，生命周期也比较短。先锋物种与微生物一起构成了**先锋群落（pioneer community）**，这是最早栖息在一个地区的不同生物群体。

随着地衣和苔藓的生长，它们会逐渐分解岩石。当地衣和苔藓死亡时，细菌和其他分解者会将它们分解。岩石碎屑和死去的生物体残骸被逐渐分解，形成土壤。随着生物体的不断死亡，腐殖质会给土壤增加养分。慢慢地，土壤越来越多，较大型植物就可以在此生长了。除了植物外，昆虫和蜘蛛等小型动物也开始在这里生长。随着时间的继续推移，这个地区的生物种类会越来越多样化。

初生演替的阶段

裸露的岩石　　地衣和苔藓　　小型植物、地衣、草、灌木　　枫树和山毛榉

草、蕨类植物和灌木开始在肥沃的土壤中生根发芽。植物物种的变化会引起群落中动物物种的变化。开花植物吸引授粉者进入该地区。这些动物吸引了更大型的捕食者。多年后，这个群落可能会变成草地或大草原。

如果有足够的水分，小型树种，如杨树和桦树，就开始生长。这些生长迅速的树木上的叶子挡住了阳光，于是需要较少光照的幼苗开始生长。很快，不需要太多光照的松树填补了空隙。最终，松树也会让位于一些阔叶树——枫树和山毛榉树。当森林里长满这些树时，就形成了一个顶极群落。

顶极群落（climax community）是演替的最后阶段。除非受到某些自然灾害或人类活动的干扰，否则顶极群落将一直存在。

快速检测

因果关系 在演替过程中，为什么较大型的植物会取代苔藓和地衣？

批判性思维 一片草原正在逐渐演替成一片森林，但是一场突如其来的大火烧毁了这片草原。火灾对演替过程有什么影响？

读图

演替的早期阶段与顶极群落相比，有什么区别？

线索 根据跨页图表进行比较。

什么是次生演替？

次生演替（secondary succession）是在原生植被已被破坏的地方诞生新群落的过程。次生演替可能发生在火灾过后或是伐木过后的森林里，也可能发生在一片荒废的农田里。

次生演替的发生速度快于初生演替，因为这个生态系统中土壤已经形成，而且还可能存在一些生物。例如，当一个农场被废弃后，杂草开始在耕地上疯长。几年后，较大的灌木和松树苗占据了这片土地。在接下来的几年里，灌木和松树苗争夺光照、空间和资源。松树苗最终会获胜，农场就变成了松树林。

从这一点上看，次生演替的过程与初生演替相似。多年以后，松树林底层会长出很多阔叶树幼苗。这些幼苗需要 40 ～ 50 年的时间来取代松树林，形成顶极群落。

快速检测

因果关系 阔叶树苗需要的光照不如松树，这会导致什么后果？

批判性思维 为什么次生演替的发生速度比初生演替更快？

课后回顾

摘要

自然事件和生物活动会导致生态系统的变化。人类活动也可以改变生态系统。

一系列不同事件都可能导致生物灭绝。大多数物种灭绝主要是因为栖息地丧失。

初生演替使一个贫瘠、没有生命的地方变成了一个有生命的群落。次生演替使一个群落转变为另一个群落。

制作 折叠式学习卡

如图所示，做一个折叠式学习卡，并根据图中标题总结你本课所学的相关知识。

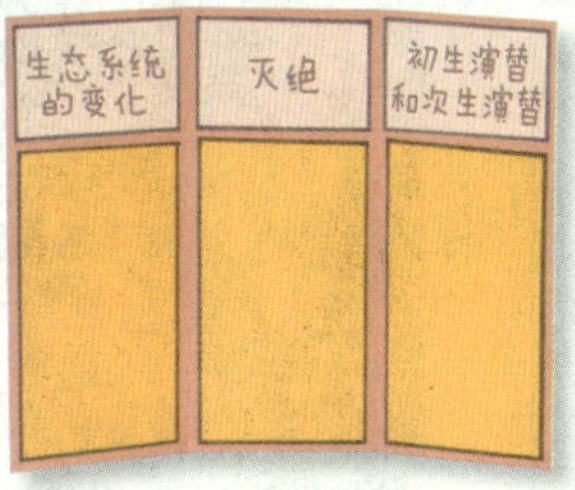

想一想，说一说，写一写

1. **词汇** 最早生活在某区域的物种称为__________。
2. **因果关系** 为什么贫瘠、没有生命的生态系统会变成森林？

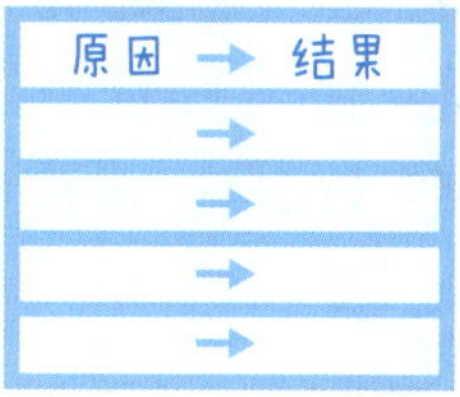

3. **批判性思维** 初生演替对生态系统中的食物链和食物网有什么影响？
4. **测试** 哪一项反映了初生演替的正确顺序？
   A 地衣、草、灌木、松树、枫树
   B 地衣、枫树、草、灌木、松树
   C 草、地衣、灌木、松树、枫树
   D 草、地衣、松树、灌木、枫树
5. **测试** 下列哪一种属于先锋物种？
   A 地衣　B 松树　C 猫头鹰　D 草
6. **基本问题** 人类活动和自然事件怎样改变生态系统？

写作链接

濒危物种

查找资料，研究濒危物种。解释为什么这个物种会濒危。说一说我们怎样才能避免这种生物灭绝。

数学链接

土壤沉积

生态系统中的土壤以每 10 年$\frac{1}{6}$厘米的速率沉积。按照这个速率，沉积 2 厘米的土壤需要多长时间？

聚焦技能

探究技能：解释数据

生态系统的变化会影响生物体。科学家估测，美国曾经有超过 50 万头白头鹫。但到了 20 世纪 60 年代，巢居的白头鹫对数只剩不到 450 对。这中间发生了什么？科学家在白头鹫的蛋壳中发现了一种叫作DDT的杀虫剂成分。1927年，美国宣布禁止使用 DDT。这对避免白头鹫的灭绝有帮助吗？科学家们通过收集和解释数据来回答这个问题。

▶ 学习

解释数据就是利用已经收集到的信息来回答问题或解决问题。将**数据整理**并记录在表格或图表上会更易于解释。通过表格和图表，我们可以快速发现数据间的相似性和差异性。

下表是收集到的白头鹫蛋的数据。它列出了科学家收集到的 1966 ～ 1980 年野外孵化的白头鹫蛋的平均数量以及在当时孵化的鹫蛋中发现的 DDT 含量。

白头鹫孵化数据

年份	孵化平均数	蛋中 DDT 含量（百万分之一）
1966	1.28	42
1967	0.75	68
1968	0.87	125
1969	0.82	119
1970	0.50	122
1971	0.55	108
1972	0.60	82
1973	0.70	74
1974	0.60	68
1975	0.81	59
1976	0.90	32
1977	0.93	12
1978	0.91	13
1979	0.98	14
1980	1.02	13

▶ 尝试

根据表格，**解释数据**并回答下列问题：

1. 蛋壳中的 DDT 含量是从哪一年开始下降的？为什么？
2. DDT 的含量是不是持续稳步地下降？
3. 这些数据能否证明蛋壳中的 DDT 含量与孵化的鹭蛋数量相关？

▶ 应用

1. 现在利用表中的数据制作两张大小相同的折线图：一张反映孵化的鹭蛋的平均数量，一张反映蛋壳中的 DDT 含量。图表能否使**解释数据**变得更容易？为什么？
2. 小心地把一张图表放在另一张图表的上面，使两张图表完全重合。通过这两张图，你能发现孵化的鹭蛋数量与蛋壳中 DDT 含量之间的关系吗？

第3课

生物群系

看一看，想一想

非洲大草原上的角马正在吃草。当地的环境特征，如土壤、水和温度，是否会影响生活在那里的生物种类？

探究活动

不同的土壤有什么区别?

做出预测

不同的土壤，养分含量差异很大。土壤中的养分含量会影响当地的生物类型。什么样的土壤养分含量更多？做一个预测。

验证预测

1. ⚠小心！实验前戴上护目镜和围裙。在塑料杯里放一勺沙。
2. **观察** 在沙子里一滴一滴地加入过氧化氢。过氧化氢是一种化学物质，当它与营养物质发生反应时，会起泡。
3. **交流** 记录下样品开始冒泡时滴加的过氧化氢次数。
4. 将沙换成土，重复步骤1～3，并记录实验数据。

得出结论

5. 哪种样品中的养分含量更多，沙还是土？解释原因。
6. **预测** 哪一种样品更适合种植植物，沙还是土？解释原因。
7. **推理** 沙地应该归为富含营养的区域，还是营养贫瘠的区域？土地呢？

进一步探究

收集其他类型的土壤，用过氧化氢测试其养分水平。哪种土壤的养分含量最高？

材 料

- 护目镜
- 围裙
- 塑料勺子
- 沙
- 塑料杯
- 过氧化氢
- 滴管
- 土

读一读，学一学

基本问题

不同生物群系各有什么特点？

词汇

生物群系

荒漠

冻原

泰加林

热带雨林

温带雨林

落叶阔叶林

草原

阅读技能

因果关系

什么是生物群系？

看看窗外，如果你在亚利桑那州，看到的可能是一片干燥的沙漠；如果你在宾夕法尼亚州，看到的可能是一片绿色的森林；如果你在艾奥瓦州，看到的可能是一片金色的草原。每个环境都是一个生物群系。

生物群系（biome）是地球上主要的陆地生态系统之一，有特定的动物、植物、土壤和气候类型。气候是一个地区长期的天气平均状态。生物群系与其他栖息地有何区别？其实你可以把一个生物群系看作是一系列栖息地或生态系统，它们组合在一起，形成的一种“超级生态系统”。

地球上的陆地生物群系主要有：热带、亚热带森林（主要包括热带雨林、亚热带常绿阔叶林），温带落叶林，泰加林（也叫作北方针叶林），草原，荒漠，冻原。下图就是全球生物群系的分布图，从图中可以看到非洲大陆上分布的大片荒漠，横贯整个俄罗斯、长度约为10000千米的泰加林等。每块大陆都有许多不同的生物群系。

全球生物群系

读图

地球上的落叶林主要分布在哪里？

线索 根据图例来确定落叶林的位置。

荒漠

荒漠（dessert）是一个主要由沙砾和岩石组成的生物群系，这里降水稀少，也鲜有植物和其他生命。荒漠的最主要特点就是缺水，是一个树木稀少且极度干旱的生物群系。有些荒漠很冷，比如亚洲的一些荒漠，但大部分荒漠都很炎热。荒漠的土壤中通常富含矿物质，但缺乏动植物残体组成的腐殖质。

植物和动物需要特殊的适应性才能在干旱的荒漠中生存。例如，仙人掌将水分储存在茎中，它们还有能防止水分蒸发的厚厚的蜡质表皮。其他荒漠植物，如牧豆树，能通过长长的根来吸收地下深处的水分。

荒漠中只有少数动物在炎热的白天活动，比如需要太阳的热量来温暖血液的蜥蜴等爬行动物，以及一些昆虫和鸟类。大多数荒漠动物都在夜间活动。当太阳落下后，长鼻袋鼠等动物就出来了。等到第二天太阳再次升起，它们又会回到地下或是找一个地方来避暑。

快速检测

分类　为什么一个极寒之地也称为荒漠？

批判性思维　中国有哪些生物群系？

真相　有些荒漠气候寒冷。

有哪些环境严酷的生物群系？

有些生物群系的特点是气候极其寒冷。冻原和泰加林就是位于北半球寒冷地区的生物群系。

冻原

冻原(tundra)是一个大型的、没有树木的生物群系。这里的土地终年冻结。**永冻层**，或者说永久冻土层，阻碍了树木的生长。此外，土壤中的养分也十分贫瘠。在6至9个月的漫长冬季里，大多数冻原地带能接受到的光照也十分有限，温度可能低至－70℃。

在短暂的夏季，冻原几乎全天都是阳光明媚的，气温也回升到零度以上。由于永冻层土壤贫瘠和夏季短暂等原因，冻原植物根系浅，生长时间短。这里常见的植物主要是苔藓、地衣、草和灌木等。

很少有动物能适应冻原地区的生活，只有北美驯鹿、北极熊、麝牛、北极野兔和北极狐等耐寒动物才能在此安家。在春天和夏天，融化的冰层形成了浅而潮湿的水池。于是，这里成了数百万蚊子和以蚊子为食的鸟类一个完美的繁殖地。

这些北美驯鹿以阿拉斯加冻原上的地衣类植物为食。

狼獾就生活在泰加林地区。

泰加林

冻原地区以南分布着世界上最大的生物群系——泰加林。**泰加林（taiga）**是分布于北方寒冷地区的针叶林生物群系，也称为北方针叶林。与冻原不同，泰加林中有很多常绿针叶树。泰加林地区气温也很寒冷，但没有冻原地区那么冷。泰加林地区的土壤中，矿物质含量很低。

许多植物已经适应了在泰加林地区生活。泰加林地区的生长季节比冻原地区更长。夏天冰雪消融后，植物继续生长。泰加林地区主要生长松树、冷杉、云杉和其他针叶树。

许多生活在泰加林地区的动物，如白靴兔，虽然看上去和生活在南方的兔子差不多，但它们的皮毛更厚，这有利于冬季的保暖。它们的毛发颜色也更浅，这是为了适应冬天白雪茫茫的环境。泰加林地区的许多动物都有帮助抵御严寒的厚厚的脂肪层，还有许多动物会通过冬眠来过冬。

快速检测

分类 你会将一个寒冷、没有树木、光照稀少的生物群系归为哪种？

批判性思维 沙漠里的兔子和泰加林地区的兔子有什么区别？

还有其他哪些森林生物群系?

南美洲的一片丛林和你家附近一座长满树木的高山有什么相似之处？没错，它们都属于森林生物群系。

雨林

读图

怎样比较热带雨林和温带雨林?

线索 观察上面的两张照片，你发现了哪些异同?

雨林

热带雨林（tropical rain forest）是位于赤道附近的一种炎热、潮湿的生物群系，这里降水量大，生物种类繁多。虽然热带雨林地区的土壤养分含量并不高，但生活在这里的生物比地球上任何其他地方都要多。

从垂直方向上来看，热带雨林可以分4层。热带雨林的**林床层**生长的植物较少，因为这里的光照很少。林床是许多昆虫、蛙类和鼠类等动物的家园。**林下叶层**由树干、灌木和藤蔓组成，在这一层生活着花豹、美洲豹和其他大型哺乳动物。

再往上一层叫**冠层**，这里长着稠密的植物。冠层植物有茂盛的叶子，能遮挡阳光，使之很难照射到底下两层。猴子、蝙蝠、巨嘴鸟、树蛙、蛇和一些昆虫生活在这里。最高层叫作**露生层**，由大型乔木的上层林冠组成，许多鸟类在这里筑巢。

温带雨林（temperate rain forest）是一个多雨、多雾、气候凉爽的生物群系。温带雨林有着温和的冬季和凉爽的夏季。雨林中以大型常绿树木及其附生植物为主。**附生植物**是指一些生长在树上的地衣或其他植物，如苔藓、蕨类植物等。这一生物群系中的动物包括美洲狮、黑熊、山猫等哺乳动物，猫头鹰等鸟类，爬行动物和许多两栖动物等。

落叶林

落叶林（deciduous forest）是一个四季分明、由落叶树木组成的森林生物群系。落叶树一般都是硬木，叶子每到秋天就会变色、脱落。冬天，这里降雨稀少，地面结冰，所以秋天落叶后，树木可以减少在冬季的水分流失。落叶树种包括橡树、枫树、山毛榉和山核桃树等。落叶林里的土壤富含养分。冬天的落叶林是一个被雪覆盖、寂静的地方，许多鸟会提早迁徙到温暖的地方过冬，其他动物则藏在洞穴里或冬眠。

这里有温暖的春天和夏天。蕨类植物、灌木和树苗欣欣向荣，树上长出了新叶，候鸟回到森林里，冬眠的动物也出来活动了。在夏天，你可以在落叶林里看到松鼠和熊等动物。

迷你实验

比较不同的树叶

1. **观察** 比较阔叶和肉质叶。哪种叶片更厚？哪种叶片更适合吸收阳光？记录观察结果。
2. 研磨两种叶片。哪种叶片含有的水分更多？
3. **推理** 思考每种叶片的特征。哪种叶片可能来自森林？哪种可能来自沙漠？解释原因。

快速检测

分类 每个季节都有明显变化的生物群系是哪种？

批判性思维 落叶林里的树木和雨林里的树木有什么不同？

落叶林为花栗鼠提供了栖息地。

什么是草原？

草原（grassland）是一个以草为主，而不是以树为主的生物群系。美洲大草原是一片大型草地，非洲大草原也称为稀树草原。温带草原的冬天寒冷，夏天炎热。草原比荒漠潮湿，但相对而言还是很干燥，所以许多树木无法在这里生长。草原的土壤营养丰富，经常用于种植作物，如小麦、燕麦和玉米等。

火灾在这个干燥的生物群系中很常见。草原上的植物根系很深，所以环境恢复得很快。春风吹又生，草原很快又会变回原来的样子。

草在生态系统中属于生产者，它们为所有草食动物提供了丰富的食物来源。高高的草丛中，蓝茎草和柳枝稷能生长到 3 米高，它们的根可以向下扎到同样的深度，甚至更深。

草原上也生活着各种动物。美洲大草原的野花丛中生活着各种昆虫，如蝗虫、蟋蟀、蝴蝶和飞蛾等。蟾蜍、蠕虫、蜘蛛、草原犬鼠、蛇和其他小型动物在低矮的草丛中建起了自己的家园。这些小型动物也是鸟类等捕食者的猎物。

快速检测

分类 有一个地区，干旱到草长不出来、土壤会被风吹走。这个生物群系属于哪种类型？

批判性思维 如果没有火灾，草原会怎么样？

美洲野牛徜徉在大草原上。

课后回顾

摘要

	地球上可以分为不同的生物群系。荒漠生物群系的降水和植物都很稀少。
	冻原和泰加林是寒冷地区的生物群系。
	森林生物群系包括雨林和落叶林等。美洲大草原和稀树草原都是草原。

制作 折叠式学习卡

如图所示，制作一个折叠式学习卡，并根据图中标题总结你本课所学的相关知识。

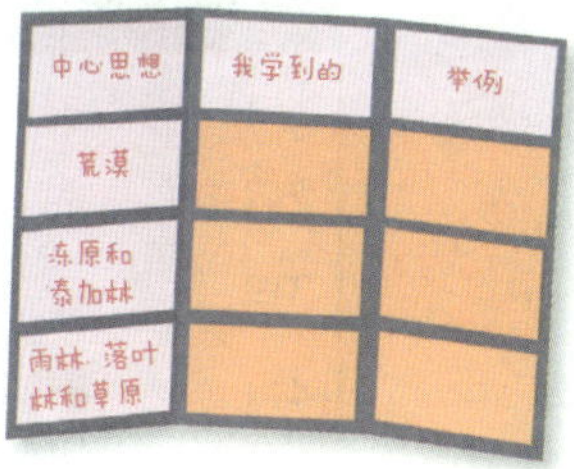

想一想，说一说，写一写

1 **词汇** 冻原以南的生物群系是________。

2 **分类** 你居住的地区属于哪一种生物群系？说明理由。

3 **批判性思维** 戈壁沙漠非常干旱、寒冷，它的平均气温只有零度左右。这个区域是否应该被归为一种其他生物群系？解释原因。

4 **测试** 哪种生物群系具有永久冻土层？

A 落叶林　　B 草原

C 冻原　　D 泰加林

5 **测试** 哪种生物群系有许多附生植物？

A 草原　　B 雨林

C 沙漠　　D 冻原

6 **基本问题** 不同生物群系各有什么特点？

写作链接

全球变暖

查找资料，研究并撰写一篇关于全球变暖的报告。全球变暖会给地球上的生物群系带来什么影响？

数学链接

温度范围

冻原的温度可能从－70℃到12℃不等。最高温度和最低温度之间差多少？

森林的四季

你知道森林也在呼吸吗?

科学家可以通过测量森林空气中不同气体的含量，来收集生活在那里的植物、动物和其他生物进行光合作用和呼吸作用的数据。

一起来看一看科学家在美国缅因州落叶林——豪兰森林的空气中测到的二氧化碳数据吧。豪兰森林冬天寒冷、降雪频繁，夏天炎热、潮湿。季节变化对森林空气中的二氧化碳含量有什么影响?

春天

随着白天的时间越来越长，天气越来越暖和，森林里动植物的活动也在增加，导致呼吸作用增强，因此空气中测到的二氧化碳含量就开始上升。这个季节，树木萌发出新叶，光合作用也开始渐渐增强。

夏天

夏天是一年中白天时间最长、气温也最高的时期。这个时期，森林里的动植物最活跃，有大量的光合作用和呼吸作用发生。白天，森林里的二氧化碳含量很低，这是因为树木正在进行光合作用，它们吸收二氧化碳，并将其转化为营养物质储存在体内。夜间，森林里二氧化碳含量很高，这是因为此时森林中的所有生物，包括树木，都在进行呼吸作用，释放二氧化碳。这两个过程相结合就造成了图表中所反映的不同的二氧化碳水平。

CO_2 浓度（百万分之一）		
月份	二氧化碳含量最小值	二氧化碳含量最大值
1月	378	388
2月	377	385
3月	377	384
4月	376	388
5月	371	393
6月	362	413
7月	356	427
8月	355	424
9月	362	418
10月	358	386
11月	366	379
12月	368	377

这些照片反映了四季变化。

秋天

变短的白天意味着光照减少。这个季节，树木开始落叶，森林里的生物变得不那么活跃，光合作用和呼吸作用都减弱了。白天和黑夜的二氧化碳含量变得越来越接近。

冬天

冬天是一年中白天时间最短、气温也最低的时候。森林生物活动很少。大多数树木已经掉光了叶子，不能再进行光合作用。白天和夜间的二氧化碳水平很接近，这是因为所有生物体主要都在进行呼吸作用。

中心思想和论据

- 寻找选文的核心观点，确定其中心思想。
- 论据是支撑选文中心思想的重要依据。

写作

中心思想和论据

1. 阐述豪兰森林里一年间的二氧化碳含量是如何变化的。
2. 研究其他生物群系，并解释它们在这一年中二氧化碳含量是怎样变化的。

AMERICAN MUSEUM of NATURAL HISTORY

第4课

水域生态系统

看一看，想一想

地球表面几乎有四分之三的面积被水覆盖，这些水大部分都是咸水。在这个水汪汪的世界里，生物是怎样生存的？

探究活动

海洋是怎样变咸的?

实验目的

建立一个演示海洋如何变咸的模型。

实验步骤

1. **测量** 在塑料杯中倒入 2 勺盐，再滴加几滴蓝色食用色素。用勺子搅拌直到充分混合。
2. 在烤盘的一侧倒入 2 杯泥土。
3. 将盐和烤盘里的泥土充分混合。
4. 倾斜烤盘，稍微抬起放入混合物的一侧。尽量不要让混合物滚到烤盘的另一侧。
5. 当你把烤盘从桌子上稍微抬起时，慢慢地往混合物上倒一些水。
6. **观察** 当水流到烤盘的另一侧时，请注意观察它的颜色。

得出结论

7. 水的颜色与染色盐的颜色相比，有什么区别?
8. **推理** 这个模型怎样模拟淡水流入海洋的过程?

进一步探究

有没有某些海洋比其他海洋更咸?查找资料，研究地球上的海洋中是不是有些海洋盐度更高。撰写一份报告来解释这些海洋盐度更高的原因。

材 料

- 塑料杯
- 盐
- 蓝色食用色素
- 塑料勺
- 泥土
- 浅的烤盘
- 水

步骤 1

步骤 5

读一读，学一学

基本问题

水域生态系统有什么特点？

词汇

浮游生物
自游生物
底栖生物
潮间带
河口

阅读技能

中心思想和论据

中心思想	论据

什么是水域生态系统？

地球表面大部分被水覆盖，但并非所有的水都是一样的。地球上大约 97% 的水是咸水，剩余的约 3% 是淡水。淡水是指不含盐或盐分含量很低的水。我们日常饮用的水就是淡水。

淡水和咸水生态系统的成分类似。水域生态系统中的生物基本可以分为三类：**浮游生物（plankton）**是指能在水中自由移动的生物，但它们不会游泳。有些浮游生物，如硅藻，属于生产者，还有一些则属于消费者，如一些动物幼虫。第二类生物包括水体中体型较大、活跃的游泳者，它们被称为**自游生物（nekton）**。鱼、海龟和鲸鱼都是自游生物。

第三类是生活在水体底部的**底栖生物(benthos)**。许多底栖生物是食腐生物或分解者，它们以水中沉降下来的物质为食。一些底栖生物，如牡蛎，会把自己固定在一个地方。其他底栖生物，如蠕虫，会在沙子里挖洞穴。还有许多生物，如龙虾，会在水体底部四处走动，寻找食物。

咸水生物

浮游生物

自游生物

底栖生物

与陆地生态系统一样，水域生态系统中生存的生物类型也受到生物因素和非生物因素的制约。与陆地生态系统不同的一点是，水不再是水域生态系统中的限制因素。然而，光照量、盐分含量及溶解氧含量对水域生态系统来说都十分重要。这些因素都会影响到生活在水体中的生物类型。

很少有阳光能够穿透水体照到底部，所以越往深处，水温就会越低，环境也越暗。浅水区光照量相对较多，因此，能进行光合作用的生产者通常分布于水体表面或非常浅的水体中。

这些生产者在光合作用过程中释放氧气，水也能溶解空气中的部分氧气。因此，表层水和浅水的溶解氧含量往往比深水更多。表层水中有生产者释放的氧气和营养物质，所以这里的生物数量更多。

迷你实验

盐水与淡水

1. 在一个杯子里倒满淡水，另一个杯子里倒满盐水。给每个杯子贴上标签，并在每个杯子里插一枝鲜花。
2. **观察** 2小时后观察两朵花的情况。
3. **交流** 哪朵花发生了变化？解释观察结果。

快速检测

中心思想和论据 地球上的淡水量与咸水量相比如何？

批判性思维 假设现在有一瓶海水和一瓶淡水。你会怎样区分它们？

淡水生物

浮游生物

自游生物

底栖生物

这条河是一个流水生态系统。

什么是淡水生态系统？

并非所有淡水生态系统都是一样的。河流和小溪是流水生态系统，湖泊和池塘是静水生态系统。木本沼泽、泥炭沼泽和草本沼泽都属于淡水湿地。

流水生态系统

▼ 林鸳鸯是淡水生态系统中常见的生物。

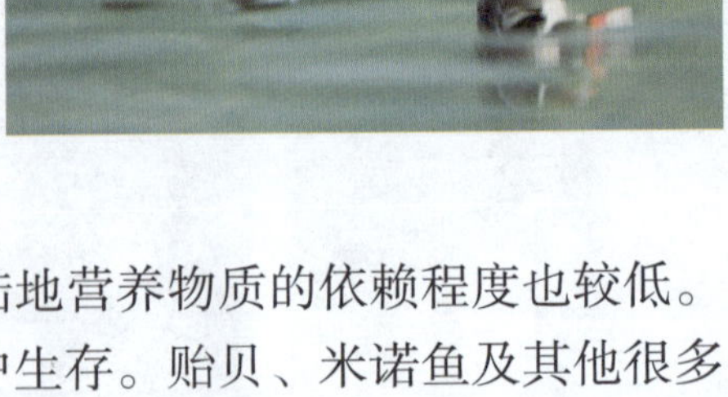

流动的淡水水体可以是潺潺的小溪，也可以是奔腾的大河。湍急的水流中溶解氧含量往往更高，因为随着水的流动，水中溶解了更多空气中的氧气。其他营养物质则是从陆地冲刷到水中的。生活在湍急的溪流或河流中的生物为了不被水流冲走，产生了特殊的适应性，它们有的能吸附着岩石生长，还有些生物，如三文鱼，具有强壮的肌肉，能够逆着强劲的水流游动。

流速较缓的水体中溶解氧含量较少，对陆地营养物质的依赖程度也较低。像藻类这样的生产者能够在流速缓慢的水体中生存。贻贝、米诺鱼及其他很多生物也生活在这里。

静水生态系统

典型的淡水湖或池塘可分为三个区域。沿岸的浅水区是大多数生物生活的地方。香蒲、莎草、水麦冬和其他有根植物通常都生长在这里。这些植物是各种微生物的家园，也是昆虫、蠕虫、鱼类和甲壳类动物等生物的食物。这些动物会被青蛙、鸟和小太阳鱼等较大的生物捕食。顶级肉食动物，如苍鹭、鲈鱼和海龟，则捕食较小型的肉食动物。

敞水区是指远离岸边的部分。这个区域因为水太深，已经不适宜有根植物生存。藻类和浮游生物等生产者漂浮在表层，水下还可以找到鳟鱼、白鱼和狗鱼等自游生物。

底区位于敞水区以下。能照到水底的光线很少，生产者无法在这儿生长，所以这里的溶解氧含量很少。底栖生物的食物都是从其他区域流入的，生活在这一区域的底栖生物有软体动物等。

淡水湿地

草本沼泽、木本沼泽和泥炭沼泽等湿地在一年中的大部分时间都是潮湿的。它们通常位于陆地和水体之间的过渡带。在这里，植物必须适应常年浸水的土壤。禾草类植物、苔藓及一些灌木等能在湿地中生长。湿地中还生活着河狸、麝鼠、水獭和鱼等动物。

快速检测

中心思想和论据 描述静水的各个区域，注意描述每个区域中的生物体的特点。

批判性思维 为什么说湍急的水流取决于地形？

淡水区域

读图

淡水生态系统中，哪个区域生活着底栖生物？

线索　哪个区域水最深？

读图

哪个区域的生物最少？

线索　比较每个区域中生物的数量。

什么是海洋生态系统？

和池塘、湖泊生态系统一样，海洋也可以分为不同区域。海洋生态系统中最浅的部分称为**潮间带**（intertidal zone）。每天，受月球引力作用，潮间带会有明显的涨落潮现象。潮间带的生物在涨潮时被水覆盖，退潮后又重新暴露在空气中。

潮间带以外是**浅海区**和**大洋区**。在浅海区，阳光是关键资源。生产者在阳光直射的海洋表层水附近大量繁殖，吸引了小鱼、浮游生物等。这些生物又会吸引更大型的生物，如海豹、海龟、水母和其他大型鱼类。

大洋区分半深海区和深海区。半深海区是鲨鱼等许多消费者的家园，但这里鲜有生产者。海洋哺乳动物也生活在这里，但它们必须时常游到水面呼吸。

水更深的地方就是深海区。这里比其他区域更黑、更冷，因为阳光完全被挡住了。没有光，生产者就无法进行光合作用。没有生产者，就很少有消费者能够生存。这个区域的生物往往是食腐生物或分解者，它们依靠从其他区域漂下来的营养物质生存。

真相　**海底的深海热泉滋养了许多生物。**

潮间带 潮间带是有阳光照到的区域。这里有很多岩石和沙子，螃蟹、藤壶、海星、海草、蜗牛和海藻等生物都生活在这里。这些生物已经适应了潮间带的温度、湿度和涨落潮等变化。

浅海区 浅海区也是有光照的区域。珊瑚礁和海带丛是浅海区的重要组成部分。它们为这一区域的许多其他生物提供栖息地和食物。

半深海区 半深海区可以分为弱光区和黑暗区。这里的光照很少。许多大型生物，比如图中这种章鱼，就把黑暗区当作自己的家园。这里还生活着鲨鱼等许多大型自游生物。

深海区 深海区中的生物已经很好地适应了这里寒冷、黑暗的自然条件。管虫生活在深海热泉的喷口及周边。喷口喷出的热量和矿物质能够滋养许多生物。

快速检测

中心思想与论据 生产者主要分布于哪片区域？这里有哪些适合生物生存的特征？

批判性思维 在 5 米深的水下，你认为清澈的水体和浑浊的水体中，哪个地方的生物数量更多？解释原因。

咸水和淡水的交汇处在哪里？

淡水流入海洋的边界称为**河口**（estuary）。河口是一种独特的生态系统，它是由咸淡水交汇而成的。与潮间带一样，河口也有涨落潮变化。当潮水进入河口时，河口的水体变咸，潮水冲刷到陆地上，携带了更多的营养物质。当潮水退去时，河口又变成以淡水为主。

河口通常分布着盐沼。这类沼泽区域长满草类和其他沼泽植物。沼泽植物与其周围的水域为各种各样的生物提供了栖息地。这里生活着大量的虾、牡蛎、蛤蜊和鱼等，许多海鱼也会洄到河口产卵。无数的昆虫幼虫、鱼苗和微小的无脊椎动物在河口平静、安全的水域里开始自己的一生；而一些较大型的生物，包括白鹭、苍鹭、青蛙、海龟、麝鼠、浣熊、水獭和北美山猫等，都以这些小型生物为食。

河口区域分布的盐沼为沿海地区发挥着特殊的作用。风暴潮来袭时，它们会像海绵一样吸走多余的水。沼泽植物的根和茎是河水中的“过滤器”。盐沼中的植物减缓了水流的速度，营养物质和污染物会在此沉积下来，经过盐沼再流入海洋的水就变得更干净了。

快速检测

中心思想和论据 什么是河口？找到论据，解释它们对环境有什么帮助。

批判性思维 如果一条河流流入淡水湖，那么这条河流与湖泊的交汇处能称为河口吗？为什么？

北美山猫是河口生态系统中的一种顶级肉食动物。

课后回顾

摘要

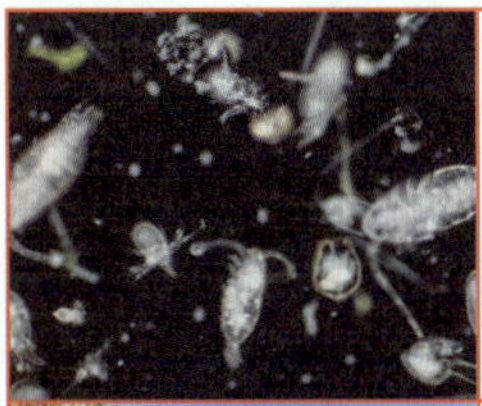

淡水和咸水生态系统中的生物都可分为浮游生物、自游生物和底栖生物。

淡水生态系统包括静水、流水和湿地。咸水生态系统分为潮间带、浅海区和大洋区。

河口位于咸淡水交汇处，营养物质丰富。

制作 折叠式学习卡

如图所示，制作一个折叠式学习卡，并根据图中标题总结你本课所学到的相关知识。

想一想，说一说，写一写

1. **词汇** 海洋生态系统中最浅的部分是__________。

2. **中心思想和论据** 哪些淡水生态系统每天都能补充新鲜的水？哪些不能？找出相关的论据。

中心思想	论据

3. **批判性思维** 为什么湖泊和河流对污染比海洋更敏感？

4. **测试** 哪些生物是自游生物？
   A 鲸鱼、海龟、鲨鱼
   B 海星、蓝藻、龙虾
   C 螃蟹、管虫、绿藻
   D 鳐鱼、螃蟹、硅藻

5. **测试** 下列哪项有净水功能？
   A 浅海带　　B 底栖生物
   C 浮游生物　　D 河口

6. **基本问题** 水域生态系统有什么特点？

数学链接

分数

3000 米深的海水中，最上层 200 米能被阳光照射到。海洋的多少区域是黑暗的（用分数表示）？

艺术链接

水域生态系统

制作一张展示每种水域生态系统的海报，包括小溪、江河、池塘、湖泊、海洋和河口。

说服性写作

优秀的说服性文章需要：

- ▶清晰地陈述作者对某一特定主题的观点；
- ▶用有说服力的理由来说服读者；
- ▶建议读者采取行动。

保护清洁水资源

劳拉希望镇上的居民能够一起清理倾倒在当地河流中的垃圾。她给镇长写了一封电子邮件，请他把自己的留言放在小镇的网站上。

Laura_Email.com　发送　取消

我们日常生活所需的淡水只能从小溪、河流、湖泊和地下水中获得。如果我们污染了这些水源，可用的淡水资源就会出现危机！我认为，我们有责任保护本地的小溪、河流等水源地。

这个周末，让我们一起来清理河道吧！我们可以把河边的垃圾捡走；在岸边的空地上种上草木，这样可以减少雨水对河岸的冲刷；还可以张贴一些标语，提醒大家不要往河中倾倒垃圾。

不要把你身边的清洁水资源视作大自然理所当然的馈赠。请好好珍惜它！

写作

说服性写作　写一封信给当地政府相关部门。说明你所在学校的学生有哪些特殊的需求，以及为什么需要政府提供帮助。文中要清楚地表明你的立场，还要有逻辑地组织相关事实和证据来支持你的论述。

了解地球上的水

百分数和分数

- 要将一个百分数换算成分数，先将百分数值放在以100为分母的分数的分子位置，然后将这个分数进行约分。

$$15\% = \frac{15}{100} = \frac{3}{20}$$

- 要计算分数中的分数值，只要将这两个分数相乘就可以了。比如，如果你吃了$\frac{1}{2}$块比萨的$\frac{1}{3}$，实际上相当于吃了整块比萨的$\frac{1}{6}$。

$$\frac{1}{2} \times \frac{1}{3} = \frac{1}{6}$$

地球上绝大多数水是咸水，只有很少一部分是淡水。即使在这很少的一部分淡水中，又有很大比例是冰冻状态的水，这些水以极地冰的形式存在于地球南北两极附近。学了百分数和分数，你应该能计算出地球上极地冰的比例。

解决问题

1. 地球上的水几分之几是咸水？
2. 地球上的水几分之几是淡水？
3. 地球上 3% 的水为淡水，极地冰约占淡水总量中的$\frac{3}{4}$。请问极地冰占全球总水量的几分之几？

提示：将百分数换算成分数，再进行计算。

第2章　复习和测试

词　汇

DOK 1

摘要

第 1 课　生命所需的重要化学物质，包括水、碳、氮和氧等，都会在生态系统中循环。

第 2 课　随着时间的推移，生态系统可以自然地转变为一系列不同的生物群系。

第 3 课　地球上的生物群系主要有冻原、泰加林、沙漠、热带雨林、常绿阔叶林、落叶林和草原等。

第 4 课　水域生态系统包括淡水水域、咸水水域以及咸淡水交汇区。

制作 折叠式学习卡

如图所示，把每一课的折叠式学习卡放在一起，并用它们来总结你本章所学的相关知识。

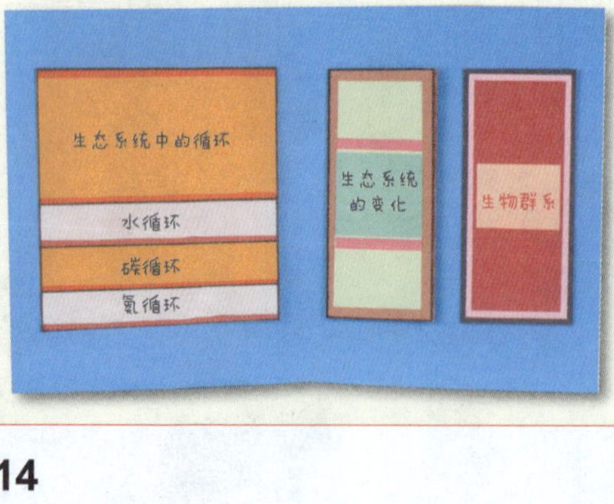

选择合适的词汇填空。

生物群系　　潮间带
堆肥　　次生演替
落叶林　　受胁物种
河口　　冻原
灭绝物种　　水循环

1. 荒漠生态系统是一种________。
2. 当最后一个成员死亡后，这一物种就成了________。
3. 橡树和枫树生长在________。
4. 水在地球表面和空气之间的连续运动称为________。
5. 在原有生物群落的位置出现一种全新的生物群落的过程称为________________。
6. 月球的引力导致了________上的一系列变化。
7. 由动植物残体堆积而成的肥料称为________。
8. 淡水、咸水交汇的生态系统被称为________。
9. 接近濒危的物种称为________。
10. 北美驯鹿和麝牛生活在一种没有树木的生物群系中，这种生物群系称作________。

科学技能和科学概念

DOK 2～3

请回答下列问题。

11. 淡水生态系统和海洋生态系统有哪些相似之处？
    A 光照和含氧量都是两者的限制因素。
    B 生活在这两个生态系统中的生物种类相同。
    C 都可以按水流速度划分区域。
    D 覆盖的地球表面面积相等。
12. 为什么先锋物种的适应力往往很强？
    A 它们必须能吸引授粉者。
    B 它们必须分解死去的生物。
    C 它们必须在一个没有生命的地区开始生长。
    D 它们必须为动物提供食物。
13. 哪个地区有较少的生产者和较多的大型自游生物？
    A 潮间带　　B 浅海区
    C 底区　　D 半深海区
14. **判断对错**　*所有细菌都是有害的。*这个说法对还是错？解释原因。
15. **因果关系**　化石燃料燃烧时，为什么会产生二氧化碳？
16. **排序**　初生演替中，在右图所示的阶段之前，会出现哪三个阶段？

17. **解释数据**　表中哪种生物群系能找到只要很少的水就能生存的动物？

生物群系的年降水量（mm）	
冻原	203
沙漠	2.54
雨林	超过 2540
落叶林	812.8

18. **批判性思维**　为什么深海区没有藻类？
19. **说服性写作**　写一份报告来说服大家循环使用资源。文中要解释清楚为什么循环使用资源对我们来说很重要。

大概念

20. 生态系统之间有什么区别？

表现性评价

DOK 4

演替

活动步骤

1. 找一个正在发生演替的地方，观察或研究栖居在这个地方的生物类型，并将观察结果绘制成图表。
2. 根据观察结果撰写报告。在报告中，说明这个地方发生的是初生演替还是次生演替。另外，列出这个区域正在发生演替的证据。

分析结论

▶ 预测如果这个区域 20 年内不受干扰，会发生什么情况。

测 试

1 **下图为水循环示意图，图中箭头③表示的是什么步骤？**
DOK 1

A 降落到地面上的水汇流到海。
B 水变成水蒸气。
C 发生冷凝作用。
D 水以降水的形式落到地球表面。

2 **美国本土面积最大的生物群系是哪种？**
DOK 1

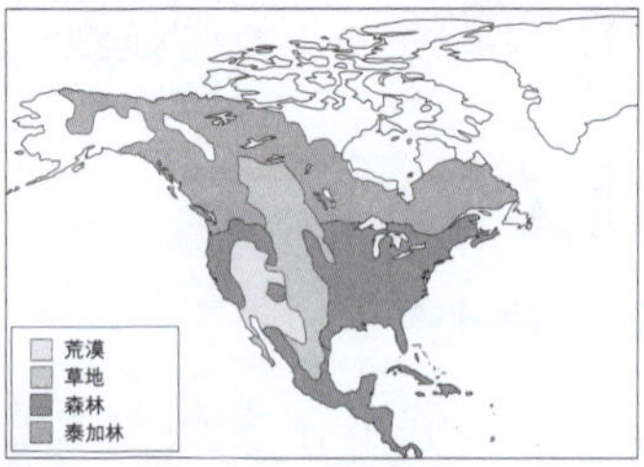

A 荒漠　　B 森林
C 草地　　D 泰加林

3 **在初生演替中，下列哪些植物出现在顶极群落？**
DOK 1

A 地衣和苔藓
B 草类和小型植物
C 枫树、山毛榉和其他硬木树
D 松树

4 **冻原和泰加林有什么区别？**
DOK 2

A 泰加林有动物，冻原没有。
B 冻原地区气候寒冷，泰加林地区气候温暖。
C 只有泰加林有常绿树木。
D 冻原会下雪，泰加林不会。

5 **下图为碳循环示意图，哪个箭头代表碳通过细胞呼吸返回大气？**
DOK 1

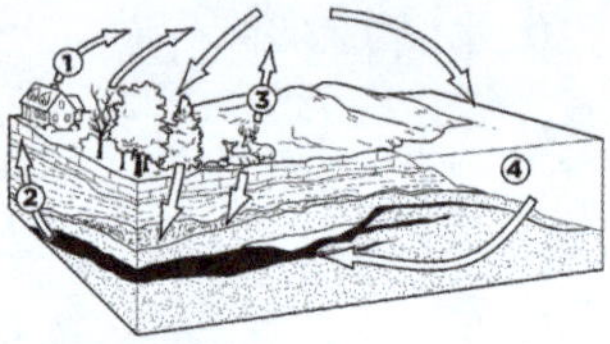

A ①　　B ②　　C ③　　D ④

6 **为什么次生演替比初生演替发生得更快？**
DOK 1

A 岩石为新生命提供了营养物质。
B 物种间相互竞争。
C 环境中已经有土壤和一些生物。
D 次生演替有更多的阶段。

7 **在水域生态系统中，为什么表层水附近能发现许多生产者？**
DOK 1

A 那里有它们需要的阳光。
B 那里有更多的生物为它们提供食物。
C 它们适合更冷、更暗的环境。
D 没有来自消费者的威胁。

8 下图表示海洋的浅海区，这个区域有什么特征?
DOK 2

A 动物数量很少。
B 环境寒冷、黑暗。
C 有大量的藻类和其他生产者。
D 有大量的淡水。

9 图中的猴子位于雨林的哪一层?
DOK 1

A 林床 B 冠层
C 林下叶层 D 露生层

10 在什么情况下可以判断一种动物正濒临灭绝?
DOK 1

A 它能保护自己免受捕食。
B 它可以在人类干预下继续生存。
C 它的数量很少，可能会灭绝。
D 它可以保护自己的幼崽免受伤害。

11 河流、溪流与湖泊、池塘的区别是什么?
DOK 1

A 前者是淡水 B 前者是流水
C 水很浅 D 有大量藻类

12 举两个例子，分别说明人类和自然事件分别是怎样改变生态系统的。如果一个物种无法适应这些变化，会发生什么情况?
DOK 2

13 一个学生将保鲜膜裹在一杯水上，然后在保鲜膜上放了一块冰。解释这个装置是怎样模拟水循环过程的。
DOK 3

地球水循环模型

检 查

问题	对应页码	问题	对应页码
1	68 ~ 69	8	108 ~ 109
2	92	9	96
3	84 ~ 85	10	83
4	94 ~ 95	11	106 ~ 107
5	70 ~ 71	12	80 ~ 82
6	86	13	68 ~ 69
7	105		

园丁

花园和公园里除了人行道和一些基础设施以外，还有各种各样的植物，如树、灌木、小草和鲜花等。美丽的花园和公园需要园丁的辛勤工作。园丁就是播种、打理植物的人。你喜欢在户外工作吗？你喜欢植物吗？如果你的两个答案都是“喜欢”，那么你可以选择园丁作为职业。等你毕业后，可以一边工作，一边学习园艺技能。当园丁的好处之一就是能享受自己创造的美丽环境。

▲园丁的工作内容涉及各种植物。

▼这位植物生态学家正在观察植物。

植物生态学家

你对大自然，特别是植物，是否有着强烈的兴趣？如果是，那你想成为一名植物生态学家吗？植物生态学家既要在户外工作，也要在实验室里工作。植物生态学家研究植物和它们所处环境之间的相互关系。他们的研究包括自然资源、濒危物种的保护和资源保护等问题。例如，植物生态学家非常关注湿地生态系统。这一生态系统中的许多植物正处于濒危状态。想要成为植物生态学家，大学毕业后你还需要继续读研深造。

参考

科学手册

健康手册

测 量

测量单位

测量单位		
国际单位（SI）		美制单位
温度 水在 0 摄氏度（℃）结冰，在 100℃沸腾。		**温度** 水在 32 华氏度（℉）结冰，在 212 ℉沸腾。
长度和距离 10 毫米（mm）= 1 厘米（cm） 100 cm = 1 米（m） 1000 m = 1 千米（km）		**长度和距离** 5280 英尺（ft）= 1 英里（mi） 3 英尺（ft）= 1 码（yd） 12 英寸（in）= 1 英尺（ft）
体积 1 立方厘米（cm^3）= 1 毫升（mL） 1000 mL = 1 升（L）		**体积** 4 夸脱（qt）= 1 加仑（gal） 2 品脱（pt）= 1 夸脱 (qt) 2 杯（c）= 1 品脱（pt） 8 液盎司（oz）= 1 杯（c）
质量 1000 克（g）= 1 千克（kg）	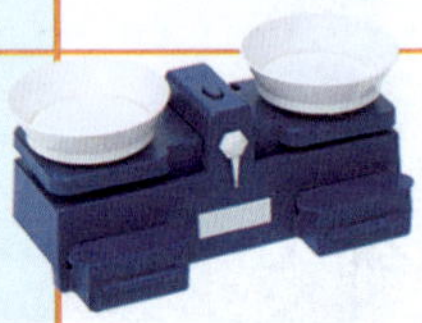	**质量和重量** 2000 磅（lb）= 1 吨（T） 16 盎司（oz）= 1 磅（lb）
重量 地球上 1 千克（kg）的物体重约 9.81 牛顿（N）。		

测量指标

温度

温度计可以用来测量温度。温度计通常由一根装有红色液体的玻璃管制成。管内液体受热膨胀并向上移动，变冷时则会收缩。

1. 仔细观察图中的温度计。它有两个刻度——摄氏度和华氏度。
2. 温度计上显示的温度是多少？水在什么温度下结冰？请用两种刻度单位表示水结冰时温度。

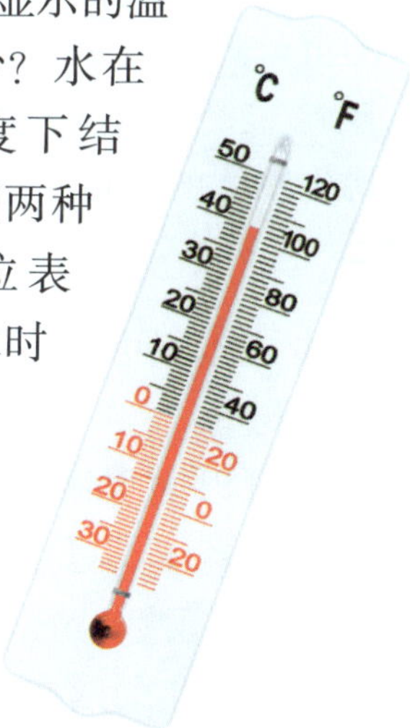

时间

计时装置可以测量事件发生所需的时间，秒表和时钟都是测量时间的工具。带秒针的钟可以精确到秒，而秒表可以精确到 0.01 秒。

长度

1. 看看图中的直尺，读出回形针的长度。1 厘米等于 10 毫米。
2. 回形针的长度约 3 厘米 8 毫米，你可以写成 3.8 厘米。

试着估测教室里其他物品的长度，然后用直尺进行测量，比较你的估计值和实际测量值。

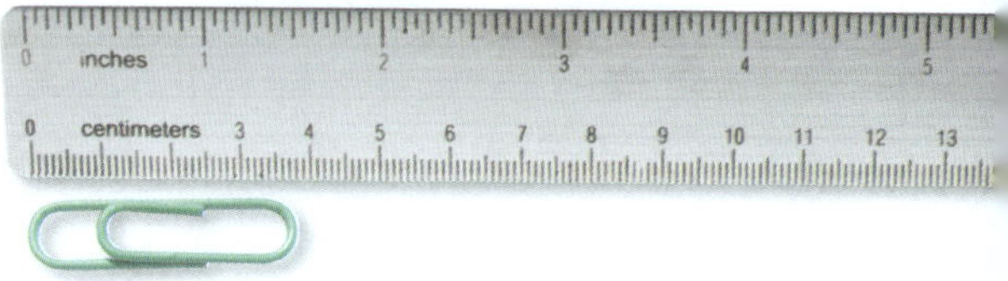

测量

质量

质量是组成一个物体的物质的量的量度，可以用天平等工具来测量。想要知道一个物体的质量，你可以把它与已知质量的物体进行比较，从而来得出它的质量。

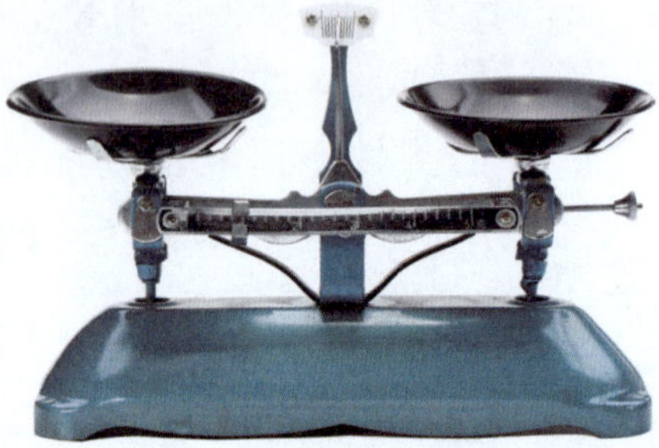

1. 将天平放在水平桌面上。检查两个托盘是否为干净的空托盘、天平两端是否平衡。天平平衡时，指针应该指向中间刻度。如果没有，则需要调节平衡螺母，直到天平平衡。
2. 轻轻地把待测物体放在左边的托盘里。此时，左边的托盘会下沉。
3. 然后，在右边的托盘中放入砝码，直到两个托盘再度平衡。右边托盘中砝码相加的总和就是左边物体的质量，单位为克。

重量

弹簧测力计可以用来测量重量，重量是物体受重力大小的量度。因此，重量表示受力大小，单位是牛顿（N）。

1. 用手拿住弹簧测力计的顶部。先测出空杯子的重量，然后把物体放入杯子中，测出杯子和物体总的重量。
2. 用第二个数据减去第一个数据，得到物体的重量。

体积

1. 液体的体积可以用烧杯或者量筒直接测量。
2. 你也可以测量固体，如岩石的体积。在烧杯或量筒中加一定量的水，读出读数。轻轻地将物体放进烧杯，再次读出读数。要计算岩石的体积，只需要用新的读数减去之前的读数就可以了。

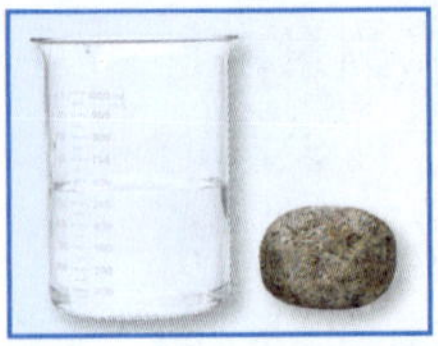

测量工具

显微镜

1. 据图学习显微镜的组成部分。
2. 用双手拿住显微镜。一只手握住显微镜的镜臂，另一只手托住镜座。把显微镜放在平整的桌面上。
3. 转动反光镜，使载物台上出现明亮的视野。⚠**小心！** 切勿把反光镜对准强光或太阳，这会对视力造成永久性伤害。
4. 在载玻片上放上一小张报纸碎片，把载玻片用压片夹压住，确保报纸碎片正对通光孔的中心。
5. 透过目镜观察，慢慢调节聚焦螺旋，直至能看清报纸为止。
6. 把你看见的画面画下来。
7. 用显微镜观察物体，比如树叶、头发或铅笔画的记号等。

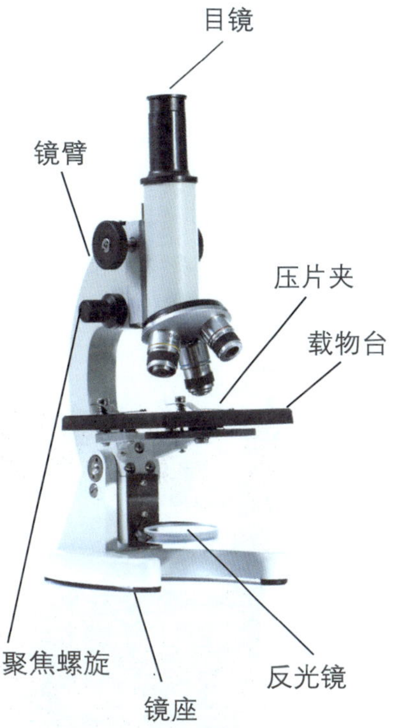

其他

放大镜也可以用来放大物体。通过放大镜，你可以观察到更多的细节。用放大镜观察几粒米，画出你所看到的画面。双筒望远镜是一种可以使遥远物体看起来更近的工具。在自然界中，科学家使用双筒望远镜观察动物，这样就不会打扰它们。如果我们过分接近某些危险动物，它们会受到惊吓，从而威胁我们的生命安全。照相机可以像双筒望远镜一样，用来近距离观察物体。照相机的优点是，它还可以把你的观察结果记录下来。照相机收集到的数据可以保存在胶片、储存卡或者电脑上。

使用计算器

有时候，测量完数据后，你还需要分析数据的意义，这就要涉及数据处理了。使用计算器可以帮助你快速、准确地计算数据和验证结果。

提示

- 开始计算前先打开计算器，并清零。
- 要做加法时，请在输入的每个数字后按“+”键，输入最后一个数字后，按“=”键求和。
- 要做减法时，输入第一个数字，然后输入“-”键，再输入减数，最后按“=”键求差。
- 如果要将数字相乘，输入第一个数字后输入“×”键，再输入第二个数字，然后按下“=”键求积。
- 如果要将数字相除，输入被除数，然后输入“÷”键，再输入除数，最后按下“=”键求商。
- 如果在输入过程中出错，请按“清除”键，然后再重新输入。
- 你还可以用计算器算平均数和百分数等。

使用电脑

电脑有很多用途，我们可以在电脑上写文章，也可以用电脑将数据整理成图表或表格，还可以利用数据进行编程。互联网把世界各地的电脑连接在一起，这样一来，我们可以和世界各地的人们共享数据。借助电脑，我们可以收集四面八方的信息，最重要的是还能用电脑探索、发现和学习新的知识，比如，从储存大量信息的数据库中获取信息，将整部百科全书存储在一个磁盘上等。

假设我们需要利用电脑来做科学探究项目。首先，我们要在互联网上查找类似项目的信息，从而获取相关资料。然后通过互联网给从事相关研究的科学家写信，获取他们的指导和帮助。接着，我们可以用电脑来收集相关数据并对其进行分类，撰写成报告或制作出图表。最后再将报告打印出来，并与其他同学进行交流和分享。

处理数据

图表

在科学实验的过程中，我们需要收集各种信息或数据。为了了解数据的含义，我们可以根据数据的不同特点，将它们绘制成不同的图表。好的图表能帮助我们更直观地分析数据。

条形图

条形图用条带来表示数据。例如，在实验中测得了电磁铁吸引的回形针数量和线圈的匝数，那么它们之间有什么关系？通过右边这张图，可以明确地得出结论：增加线圈的匝数会增加电磁铁的强度。

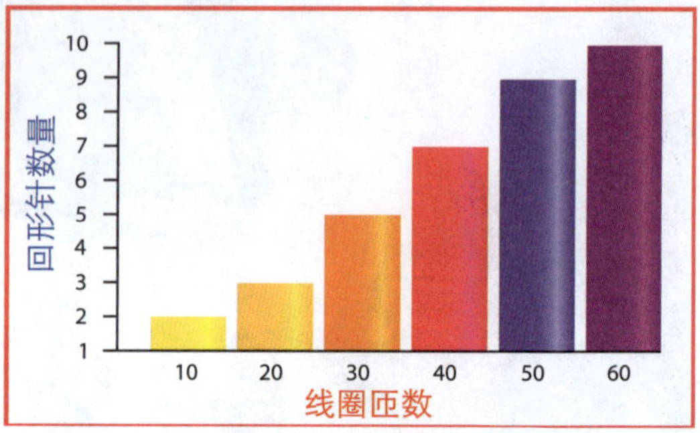

饼状图

饼状图通常用来显示一组完整的数据有哪些不同的组成部分。右边这张饼状图反映了美国的水资源利用情况。在饼状图中，所有的数据加起来必须是100%。

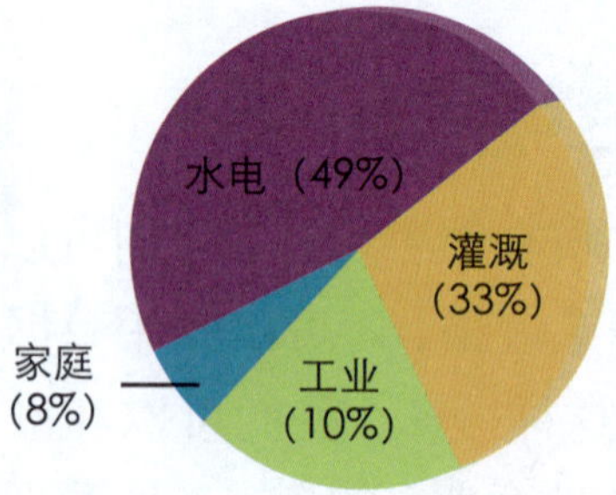

折线图

折线图通过连接图上的点来反映信息。折线图可以用来反映数据随时间的变化而发生的变化。例如，右边这张折线图反映了某天上午的温度和时间之间的关系。

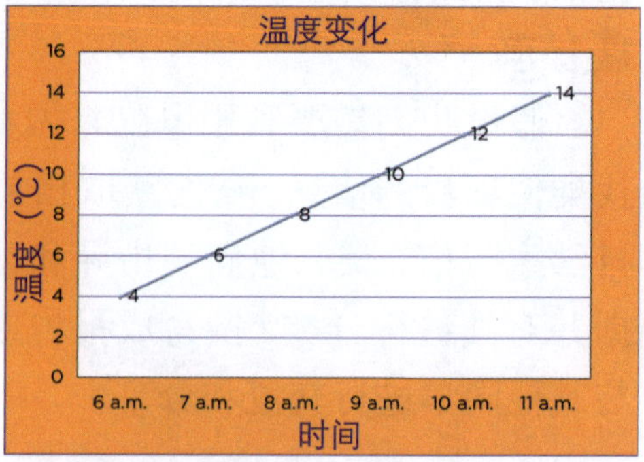

表格和地图

表格

实验中，表格可以帮助我们有效组织数据。大多数表格都有垂直的列和水平的行，列和行都要有标题，这样你可以根据标题明确表格中所包含的数据类型。下面这张表格记录了几种不同物质的电导率。

材料	电导率
铝	109.0
铜	385.0
木材	0.1
包装泡沫	0.01

思维导图

这种图反映了想法或概念之间是如何相互联系的。思维导图能帮我们组织某个主题下的相关信息。下面这张思维导图反映了岩石的相关信息。

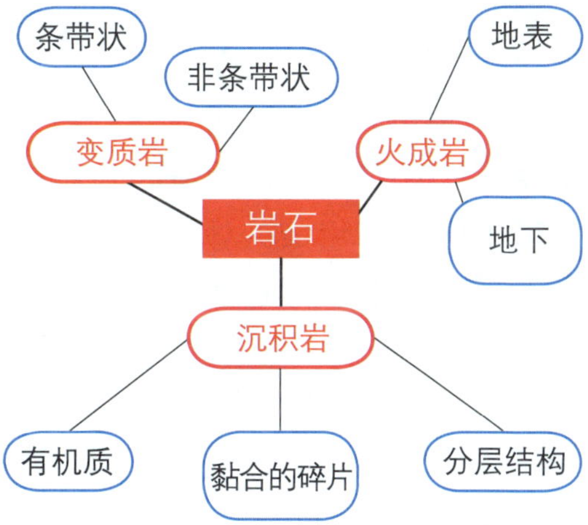

地图

地图反映一个区域的地理信息，它可以帮助我们了解这一区域。比如路线图可以帮助我们规划从一个地方到另一个地方的路线。还有些地图可以显示山丘和山谷等地形。一张完整的地图一定要有图例、比例尺，并标明方向。

人体系统

人体组织结构

和所有生物一样，人体也是由细胞组成的。事实上，人体是由数万亿细胞组成的。这些细胞组成了各种组织。所谓组织，指的是一系列形态相似、功能相同的细胞群，例如心脏中的心肌。一系列组织可以形成器官，例如心脏。器官共同作用，组成人体器官系统。例如，心脏和血管是循环系统的一部分。人体中各器官系统协同工作，保证人体健康地生活。

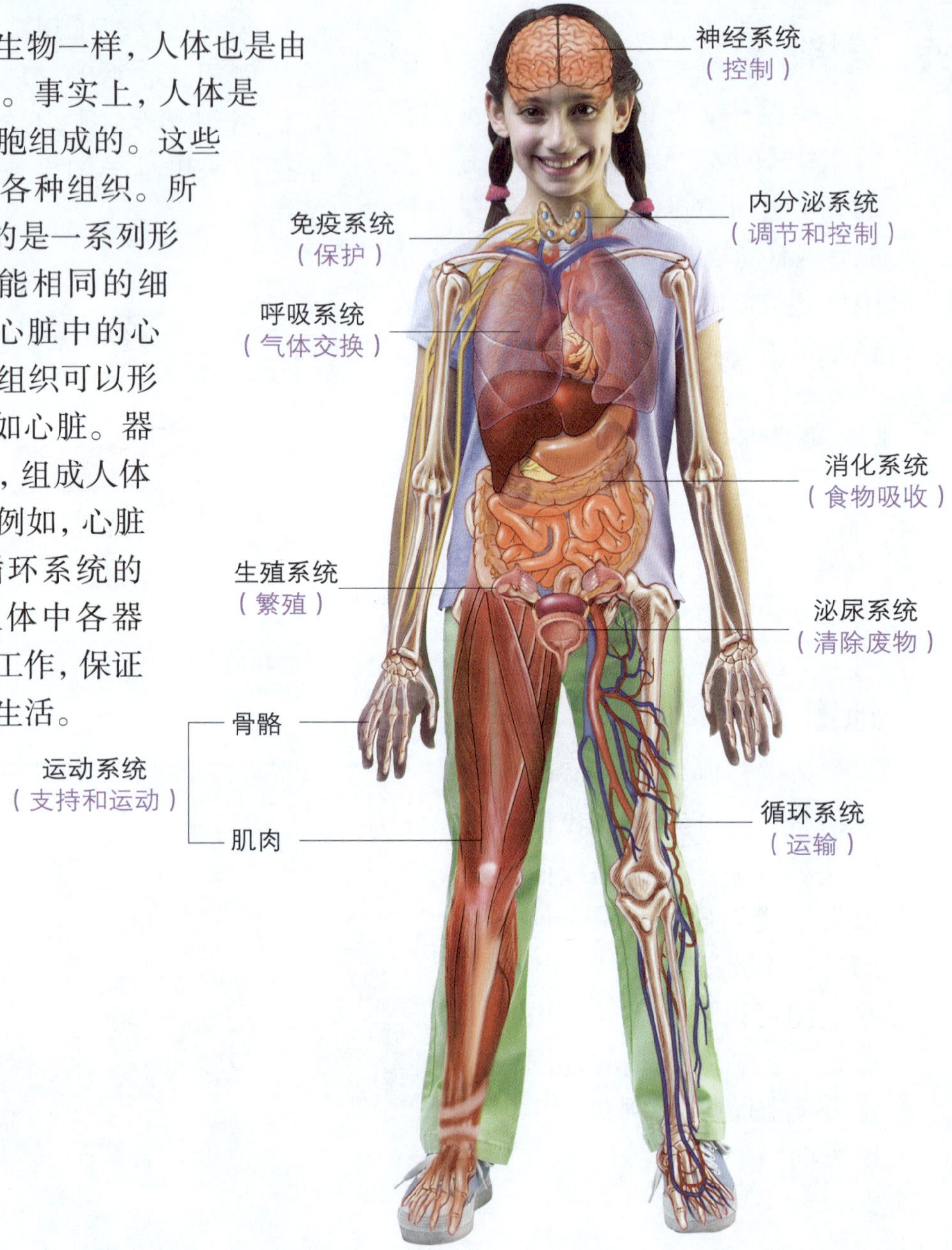

运动系统

运动系统包括骨骼和肌肉。骨骼有支持躯体、保护体内重要器官、供肌肉附着、作运动杠杆等作用。正是因为有骨骼，人体才能自由活动。

人体有 206 块骨骼。每一块骨骼都有不同的大小和形状，并在人体中发挥不同的作用。例如，长而结实的腿骨可以支撑身体的重量。

人体有三种肌肉——骨骼肌、心肌和平滑肌。心肌只存在于心脏。心肌收缩，可以像泵一样将血液输送到全身。

平滑肌构成内脏器官，比如肠和血管。

附着在骨骼上并可以使骨骼运动的肌肉叫作骨骼肌。要使骨骼活动自如，大多数骨骼肌都是成对出现。

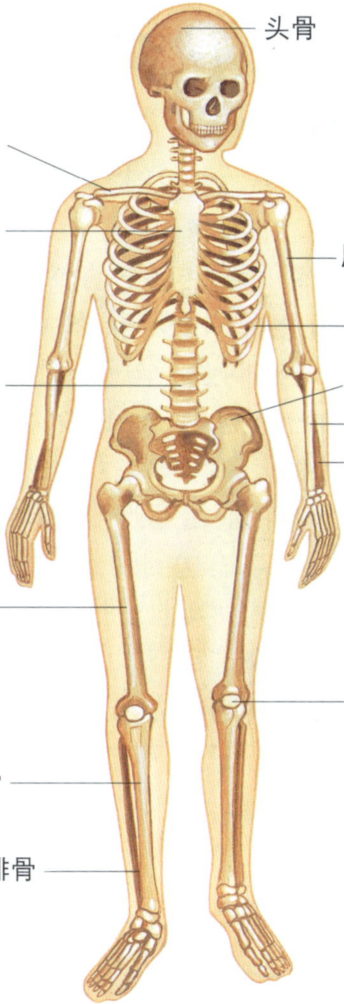

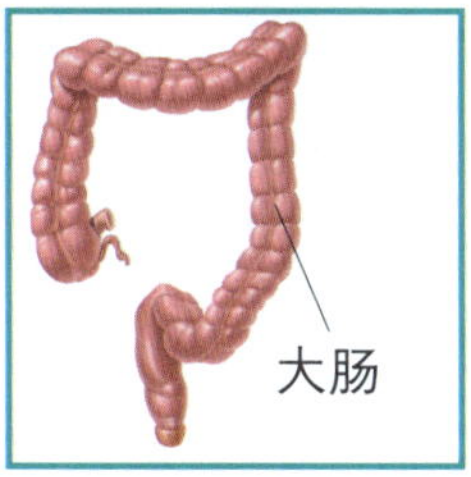

平滑肌

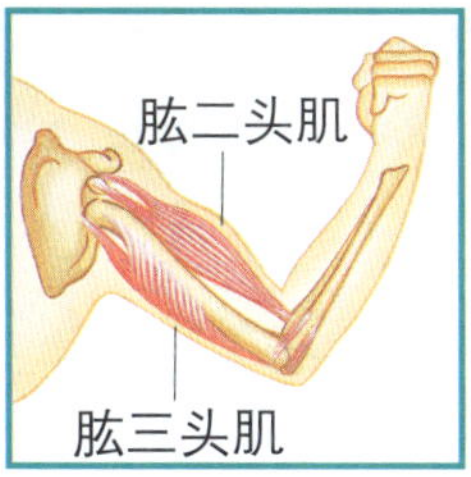

骨骼肌

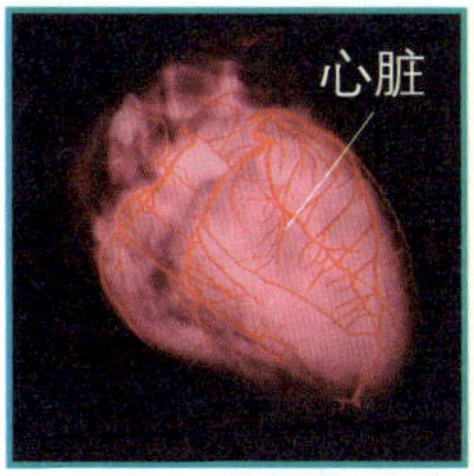

心肌

人体系统

循环系统和呼吸系统

循环系统由心脏、血管、血液等组成。循环指的是血液在体内流动。血液是一种由红细胞、白细胞和血小板等组成的液体。红细胞给细胞输送新鲜的氧气和营养物质，并把二氧化碳和细胞新陈代谢产生的废弃物带走。白细胞的作用是对抗进入人体的细菌。血小板是可以帮助凝血的物质。

心脏是一个拳头大小的肌肉性器官。动脉将血液由心脏运送至身体各处，有一部分动脉把血液输送到肺部，在那里，红细胞可以吸收氧气。其他动脉则将携带了氧气的血液从肺部输送到身体的各个部位。静脉将血液从身体其他部位又输送回心脏。大多数静脉中的血液携带着细胞新陈代谢产生的废弃物，且几乎不携带氧气。血液通过毛细血管从动脉流向静脉。

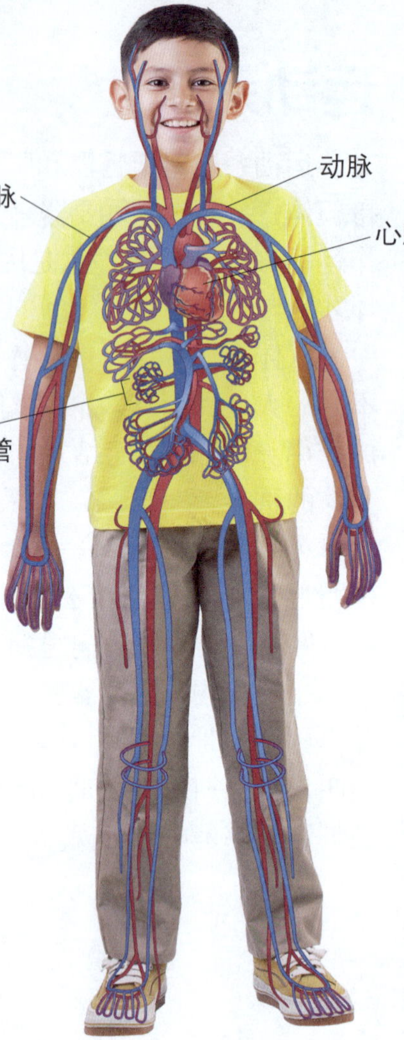

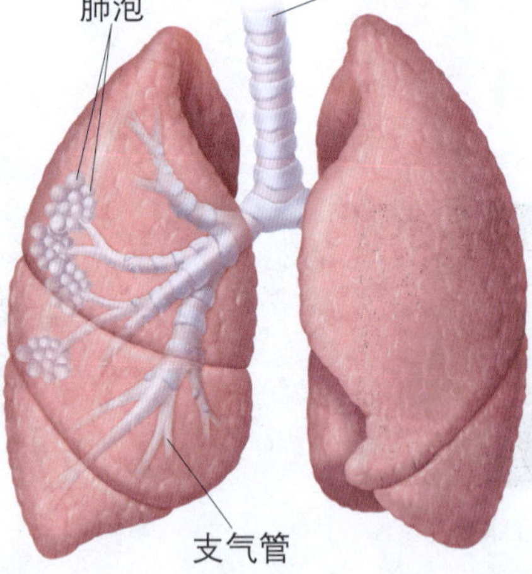

人体与外界进行气体交换的过程叫作呼吸。吸气时，空气被吸进鼻腔或口腔，然后向下进入气管。在胸部，气管分成了两个支气管。支气管又分成了更小的细支气管，在每个细支气管的末端都有一种叫作肺泡的小气囊。在肺泡处可以实现二氧化碳和氧气的气体交换。

消化系统和泌尿系统

消化是把食物分解成身体可以利用的简单物质的过程。当你咀嚼食物时，消化系统就开始工作了。咀嚼可以把食物分成小块，并利用唾液将其润湿。食物经过食管进入胃。在胃中，食物和消化液混合，然后再进入小肠。

小肠消化和吸收食物中的营养物质。小肠的内壁上分布着指状突起的绒毛。食物中的营养物质通过绒毛表面被人体吸收，然后通过血液循环输送到身体的各个部位。大肠可以吸收剩余食物残渣中的水分。

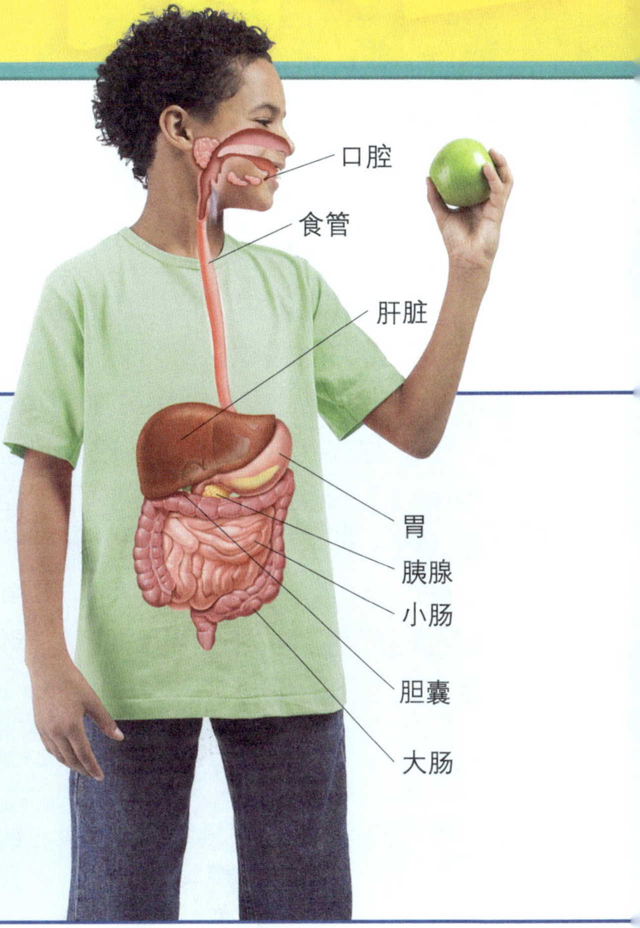

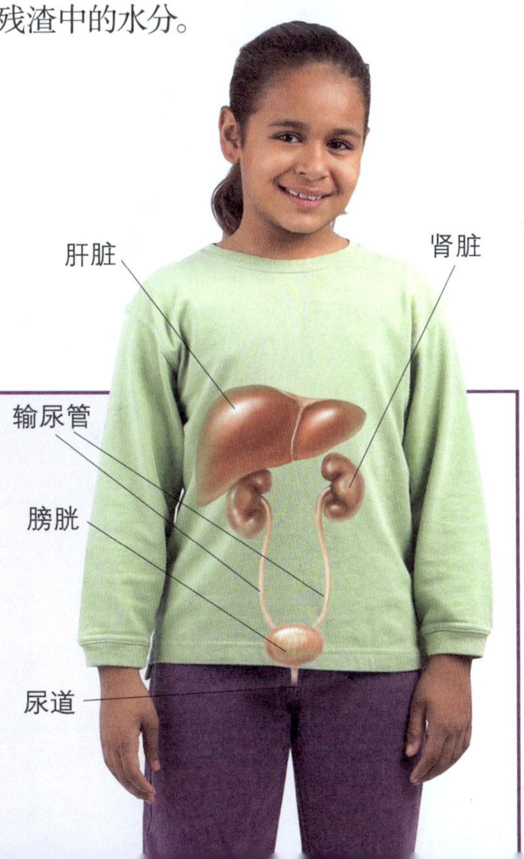

泌尿系统包括肾脏、输尿管、膀胱、尿道等器官。肝脏过滤血液中的废弃物，将氮转化为尿素。尿素随后被血液带到肾脏中，通过肾脏排泄。每个肾脏都含有超过 100 万个肾单位。肾单位是肾脏过滤血液的结构。

人体出汗时，皮肤也参与排泄。皮肤内层的汗腺产生汗液。汗液的主要成分是水，还含有少量的尿素和无机盐等。

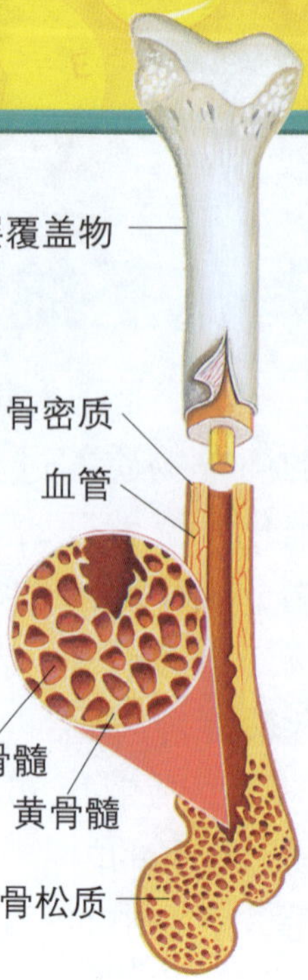

免疫系统

免疫系统帮助人体对抗疾病。某些骨骼中存在一种叫作红骨髓的软组织。红骨髓会产生新的红细胞、对抗细菌的白细胞和帮助伤口凝血的血小板。

白细胞存在于血管和淋巴管中。淋巴管和血管看起来很像，但是淋巴管中流淌的不是血液而是淋巴。淋巴是淋巴管内一种透明或浅黄色的液体。

淋巴结可以过滤淋巴中的有害物质。像红骨髓一样，它们也能产生对抗细菌的白细胞。颈部淋巴结肿大就是身体对抗细菌的信号。

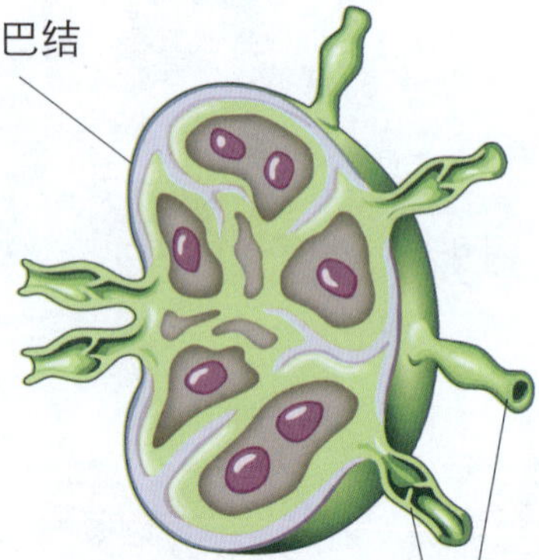

传染病

疾病是指机体受干扰而引起的异常的生命活动。有些疾病是由环境中的有害物质引起的，其中由微生物和病毒引起的，能在人体中传播的疾病叫作传染病。

致病因子叫作病原体。病原体包括多种细菌和病毒。传染病就是由病原体引起的，它可以在人群中传播。病原体必须进入人体才能致病。一旦这些病原体进入人体，人体免疫系统就开始工作了。

人类传染病		
疾病	病原体	影响的器官系统
水痘	病毒	皮肤
天花	病毒	皮肤
小儿麻痹症	病毒	神经系统
狂犬病	病毒	神经系统
流感	病毒	呼吸系统
麻疹	病毒	皮肤系统
流行性腮腺炎	病毒	消化系统
肺结核	细菌	呼吸系统
破伤风	细菌	肌肉系统
脑膜炎	病毒或细菌	神经系统
胃肠炎	病毒或细菌	消化系统和泌尿系统

人体系统

神经系统

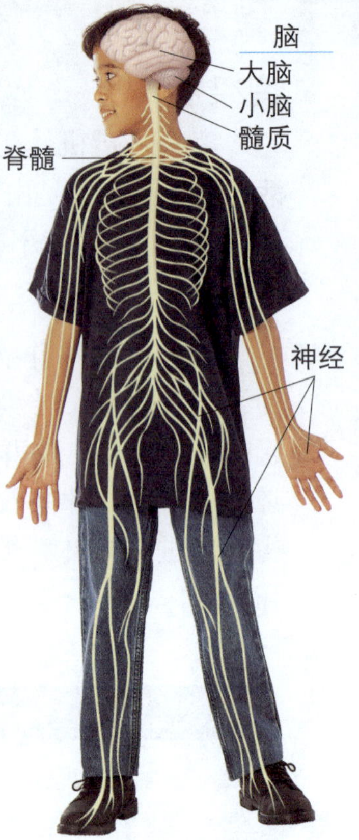

神经系统由两部分组成：脑和脊髓组成了中枢神经系统，所有其他神经则组成了周围神经系统。

人脑中，最大的组成部分就是大脑。大脑分成两部分：左脑和右脑。左右大脑都有神经中枢，大脑是人体产生思想的地方。

小脑位于大脑下方。小脑协调身体各处的骨骼肌，使人体能自由活动。小脑还能帮助你保持平衡。

脑干与脊髓相连。脑干的最下面部分是髓质。脑干控制心跳、呼吸、血压和消化系统中的肌肉。

脊髓是一条比较粗的神经，负责将身体各个部分信息传递到人脑，同时也把人脑的信息传递到身体的各个部分。神经从脊髓分出，遍布人体全身。脊髓也控制着反射。反射是一种快速的反应，有些反射可以不需要等待大脑的指令。例如，如果碰到烫的物体，你会不假思索地把手抽离开。

神经元的组成部分

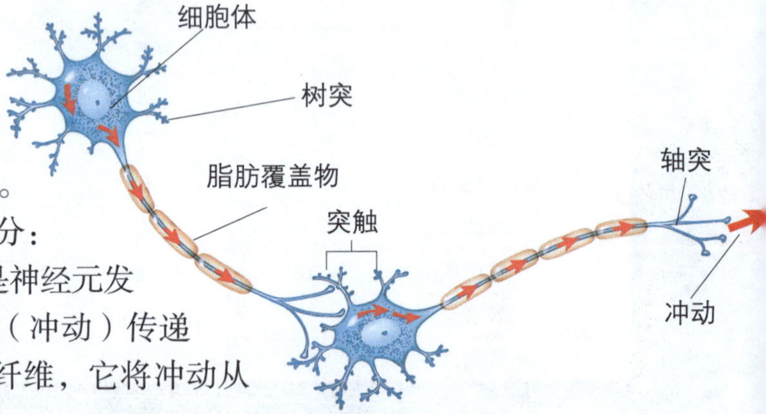

神经系统中的神经是由神经元（神经细胞）组成的。每个神经元都有三个主要部分：细胞体、树突和轴突。树突是神经元发出的分支突起，它将电信号（冲动）传递到细胞体。轴突是一种神经纤维，它将冲动从细胞体中传递出去。

当冲动达到轴突尖端时，它必须穿过一个非常小的间隙才能达到下一个神经元。这种神经元之间的间隙叫作突触。

刺激和反应

神经系统、运动系统协同作用，帮助人体适应周围的环境。环境中任何需要人体产生反应的情况都叫作刺激。对刺激的回应叫作反应。

我们已经学过，神经细胞也叫作神经元。神经元有三种：感觉神经元、中间神经元和运动神经元。每种神经元都通过不同的方式帮助人体适应刺激：感觉神经元接受来自身体和环境的刺激，中间神经元连接感觉神经元和运动神经元，运动神经元把信号从中枢神经传送到器官和腺体。

除了对外界刺激做出反应外，人体也会对内部变化做出反应。人体会自动调节身体各器官、系统的协同运作，共同维持内环境的相对稳定状态。这个状态也叫作稳态。

神经和反应

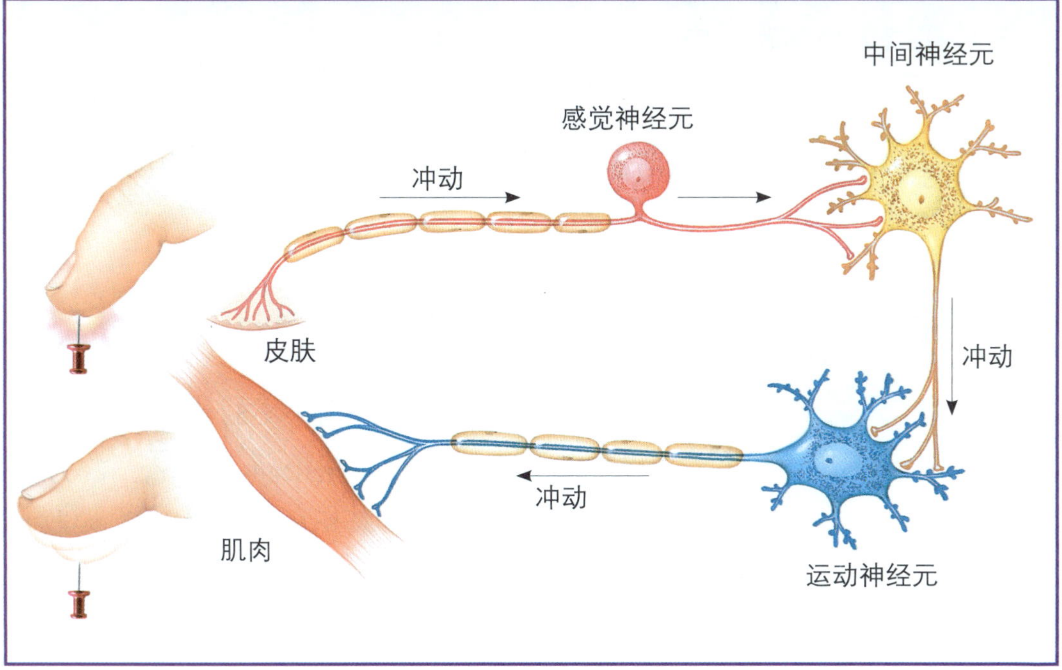

感官

视觉

物体反射的光线进入眼睛，落在视网膜上。视网膜受体细胞将光信号转换成电信号或冲动。这些冲动沿着视神经传递到大脑的视觉中枢。

① 光从树上反射到眼睛里。

② 光穿过角膜和虹膜上的瞳孔。

③ 光经过晶状体的折射，照到视网膜上。

④ 视网膜上的受体细胞将光信号转换为电信号。

⑤ 这些电信号沿着视神经中的神经元传递到大脑的视觉中枢。

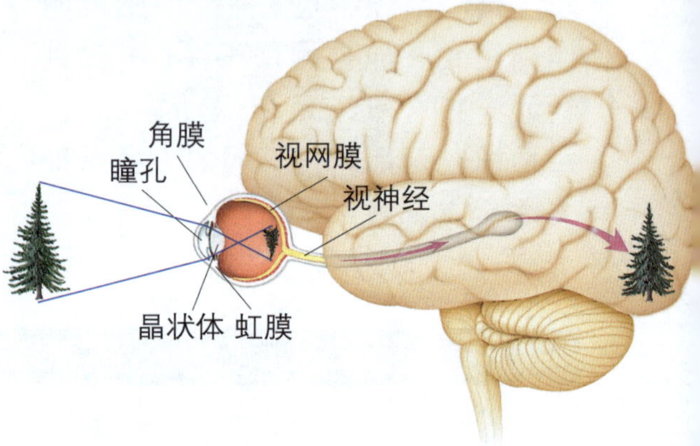

听觉

声波传入耳朵，引起耳膜振动。耳朵里的受体细胞接收到声波后，将冲动沿着听觉神经传递到大脑的听觉中枢。

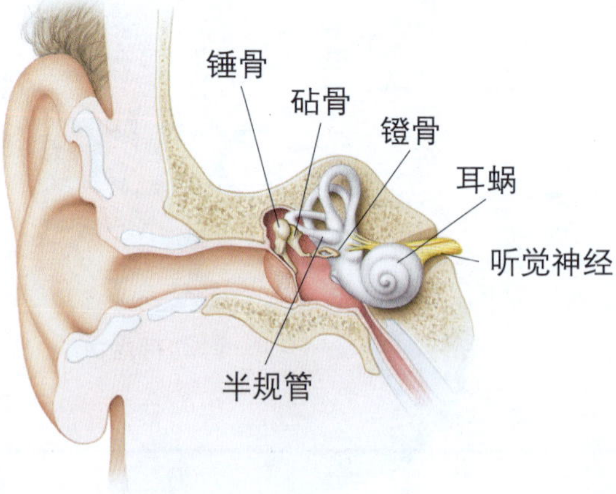

① 外耳接收到声波。

② 声波沿着耳道传播。

③ 耳膜振动。

④ 三根小小的耳骨振动。

⑤ 耳蜗振动。

⑥ 耳蜗内的受体细胞接收到声波信号。

⑦ 冲动沿着听觉神经传到大脑的听觉中枢。

嗅觉

嗅觉是感受空气中化学刺激的能力。吸气时，化学物质会溶解到鼻子上部或鼻腔的黏液中。当受体细胞接触到这些物质时，会将冲动沿着嗅觉神经发送到大脑的嗅觉中枢。

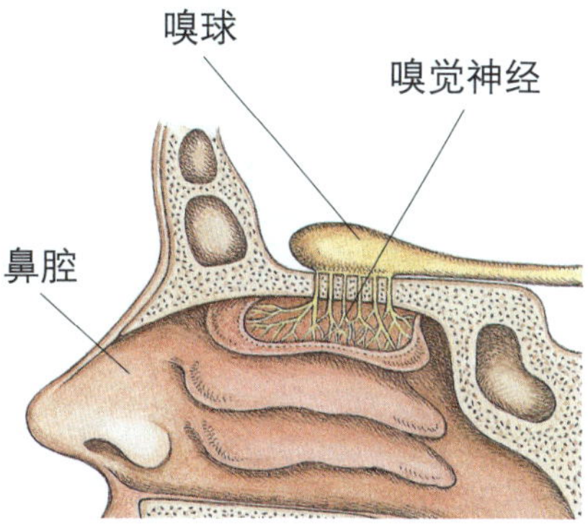

味觉

吃东西时，食物中的化学物质会溶解在唾液中，唾液会将这些化学物质带到舌头上的味蕾。每个味蕾内部都有感受器，可以感知 5 种主要的味道——甜、酸、咸、苦和鲜。这些感受器沿着神经向大脑的味觉中枢发送冲动，由大脑识别食物的味道。通常来说，大脑识别的食物味道就是这些主要味道的组合。

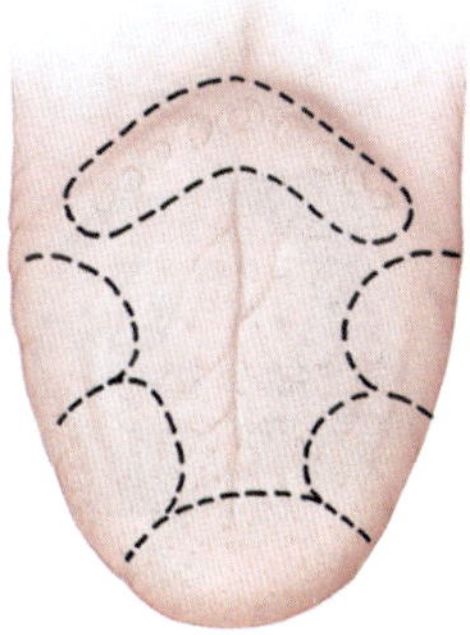

触觉

皮肤上的受体细胞可以帮助人体区分外界环境的热或冷、干或湿，还能感受羽毛落在身上的轻柔和踩在石头上的压力。受体细胞沿着感觉神经向脊髓发送冲动，然后脊髓再将这些冲动发送到大脑的触觉中枢。

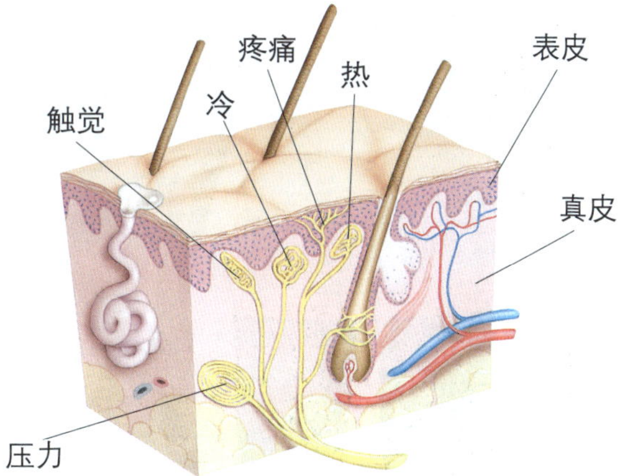

内分泌系统

激素是控制身体功能的化学物质，产生激素的器官叫作内分泌腺。

内分泌腺分布在身体各处。每个腺体产生一种或多种激素。每种激素只能针对一个特定的靶器官或靶组织发挥作用。激素水平的变化可以向靶器官或靶组织传递重要信号。

内分泌腺帮助人体保持健康的生命状态。当人体内的某种激素过多或过少时，这些腺体会自动调整激素的生成数量。

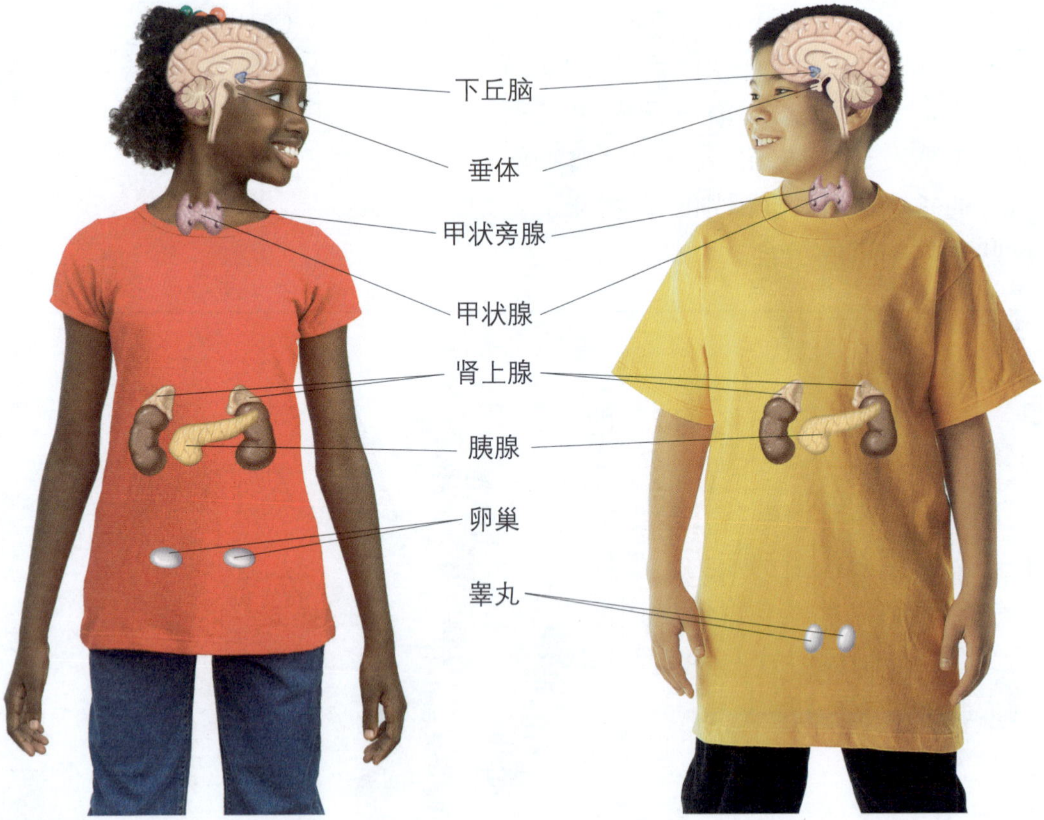

《科学启蒙（第二版）》版权声明

科学启蒙（第二版）生态系统 ⑤

McGraw-Hill Education
Science A Closer Look
Ecosystems
978-0-02-135622-5

浙江省版权局著作权合同登记号：11-2018-537

图书在版编目（CIP）数据

科学启蒙：第二版. 生态系统. ⑤ /（美）杰伊·哈克特等著；张俊等译. -- 杭州：浙江教育出版社，2020.4（2021.4 重印）
ISBN 978-7-5722-0053-3

Ⅰ. ①科… Ⅱ. ①杰… ②张… Ⅲ. ①科学知识－少年读物②生态系－少年读物 Ⅳ. ①Z228.1②Q147-49

中国版本图书馆CIP数据核字(2020)第045627号

科学启蒙（第二版）
KEXUE QIMENG (DI ER BAN)
生态系统⑤
SHENGTAI XITONG 5

出版发行　浙江教育出版社（杭州市天目山路40号　电话：0571-85170300-80928）
原 著 名　SCIENCE A CLOSER LOOK
　　　　　ECOSYSTEMS
翻　　译　张　俊　邓小耶　应宇峰
审　　定　郝京华
图片来源　海洛创意
责任编辑　杨　艳
封面设计　韩　波
责任校对　彭　宁
责任印务　沈久凌

图文制作　杭州兴邦电子印务有限公司
印　　刷　杭州富春印务有限公司
开　　本　787mm×960mm　1/16
印　　张　9.5
字　　数　237 000
版　　次　2020年3月第1版
印　　次　2021年4月第3次印刷
标准书号　ISBN 978-7-5722-0053-3
审 图 号　GS（2020）592号
定　　价　35.00元